Arduino for Interactive Music

아두이노 for 인터랙티브 뮤직

초판 1쇄 발행 2011년 3월 10일 **3쇄 발행** 2013년 10월 24일 **지은이** 채진욱 **펴낸이** 한기성 **펴낸곳** 인사이트 **편집** 김민희 **제작·관리** 이지연 **용지** 월드페이퍼 **출력** 경운출력·현문인쇄 **인쇄** 현문인쇄 **제본** 자현제책 **등록 번호** 제10-2313호 **등록일자** 2002년 2월19일 **주소** 서울시 마포구 서교동 469-9번지 석우빌딩 3층 **전화** 02-322-5143 **팩스** 02-3143-5579 **블로그** http://blog.insightbook.co.kr **이메일** insight@insightbook.co.kr **ISBN** 978-89-91268-94-4 책값은 뒤표지에 있습니다. 잘못 만들어진 책은 바꾸어 드립니다. 이 책의 정오표는 http://insightbook.springnote.com의 '출간도서 목록' 카테고리에서 확인하실 수 있습니다. 이 책의 국립중앙도서관 출판시도서목록(CIP)은 e-CIP 홈페이지(http://nl.go.kr/cip.php)에서 이용하실수 있습니다. (CIP제어번호: CIP2011000890)

Copyright ⓒ 2011 채진욱.

이 책 내용의 일부 또는 전부를 재사용하려면 반드시 저작권자와 인사이트 출판사 양측의 서면에 의한 동의를 얻어야 합니다

차례

추천의 글 vii
지은이의 글 viii
책에 대해 x

0장 인터랙티브 뮤직의 개요   1

1장 아두이노와 만나다   7
1-1. 아두이노란 무엇인가?   7
1-2. 아두이노의 선택과 구입   8
1-3. 아두이노의 생김새   10
1-4. 작업환경 구축   15

2장 아두이노와 친해지기   21
2-1. LED 켜기   22
2-2. LED 1개 깜빡이기   28
2-3. LED 8개 깜빡이기   36
2-4. 스위치로 LED 켜고 끄기 (반대로 동작하는 스위치)   41
2-5. 카운터 만들기   48
2-6. 룰렛 만들기   54

3장 인터랙티브 뮤직을 위한 준비   55
3-1. 가변저항으로 LED 켜고 끄기   55
3-2. FND 켜기 (0~9까지)   63
3-3. 스위치로 FND 켜기   70
3-4. 가변저항으로 FND 켜기   77

3-5. 간단한 신디사이저 만들기(sweep sound 만들기) ······················ 81
   3-6. 스위치로 음높이 변화주기 ·· 90
   3-7. 가변저항으로 음높이 변화주기 (간단하게 테레민 구현하기) ······ 95

4장 시리얼 송신 연습 ─────────────────── 101
   4-1. 시리얼 통신 이해하기 ··· 102
   4-2. 시리얼 출력 : 모니터에 메시지 띄우기 ································· 103
   4-3. 시리얼 출력 : 모니터를 이용한 카운터 ································· 107
   4-4. 시리얼 출력 : 모니터를 이용한 타이머 ································· 109

5장 MIDI 출력 ─────────────────────── 111
   5-1. MIDI 출력 (MIDI 출력을 위한 하드웨어) ······························ 113
   5-2. MIDI 연주 장치 (고향의 봄) ·· 111
   5-3. 스위치를 이용한 MIDI 건반 만들기 ······································ 119
   5-4. 가변 저항을 이용한 MIDI 컨트롤러 만들기 ···························· 124

6장 시리얼 수신 연습 ─────────────────── 131
   6-1. 시리얼 입력 : 구구단 ··· 131
   6-2. 아두이노 퀴즈왕 ·· 137
   6-3. 아두이노로 수신한 시리얼 데이터를 FND에 표시하기 ·············· 143
   6-4. 아두이노 신디사이저 ·· 147

7장 MIDI 입력 ——————————— 153
- 7-1. MIDI 입력 (MIDI 입력을 위한 하드웨어) ……… 153
- 7-2. FND를 이용한 아두이노 MIDI 노트 리더 ……… 156
- 7-3. 아르페지에이터의 구현 ……… 164

8장 아두이노 온 바흐 ——————————— 171
- 8-1. 아두이노로 사운드 데이터를 제어하는 예제 ……… 172
- 8-2. 아두이노로 영상을 제어하는 예제 ……… 181

부록 못다한 이야기들 ——————————— 195
- 부록 A. LED 연결 수정 ……… 196
- 부록 B. Fritzing 소프트웨어 소개 ……… 198
- 부록 C. 사용된 명령어 정리 ……… 202
- 부록 D. 관련 서적 및 사이트 ……… 210

맺는 말 ……… 213
찾아보기 ……… 215

추천의 글

예술과 기술의 결합은 많은 가능성에도 불구하고 쉽게 접근할 수 없는 주제이다. 아두이노는 예술가들을 위해 기술의 문턱을 낮추려는 많은 노력의 가장 중요한 성과 중 하나이다. 이 책의 저자 채진욱은 음악과 기술 양 영역에 걸쳐 탄탄한 이론적 기초, 다양한 실무 경험, 그리고 풍부한 강의 경험 등 드문 재능의 조합을 갖추고 있다.

이 책은 기술을 통해 자신의 음악이 나아갈 새로운 가능성을 모색하려는 이들에게 값진 길잡이가 될 것이다.

임정묵
전 커즈와일 연구소 연구소장
현 JNJ Works(주) 대표이사

이 책은 탄탄하고 신뢰가 가는 경험에 기초한다. 이 책의 모든 실험은 아두이노라는 마이크로컨트롤러를 가지고 직접 체험할 수 있다. 저자가 처음에 구성한 목차를 살펴보면서 이 책은 흥미로울 뿐만 아니라 학생들에게도 매우 교육적일 것이라는 생각이 들었다. 이 책은 예술을 전공하는 학생들을 위한 교재로 쓰일 가능성도 있으며, 마이크로컨트롤러에 대해 실질적인 학습을 원하는 이들에게도 매우 유용할 것이다. 저자 채진욱이 이뤄온 일들은 항상 유익했다. 이 책을 통해 독자들도 그와 함께 작업하는 즐거움을 느낄 수 있을 것이다.

할 챔버린(Hal Chamberlin)
커즈와일 연구소장

지은이의 글

철이 없던 고등학교 시절까지는 멋있는 음악을 하는 음악인이 되고 싶었습니다. 하지만 가까이 가면 갈수록 내게서 더욱 멀어져 가는 음악의 뒷모습을 보았죠. 그때 저는 결심을 했습니다. 멋있는 음악을 하는 음악인이 될 수 없다면 그런 멋있는 음악을 하는 음악인과 함께 음악을 만들어 갈 수 있는 엔지니어가 되자고…. 어쩌면 그 결심을 하게 만든 인물이 피에르 쉐퍼(Pierre Schaeffer)가 아니었나 기억해 봅니다.

구체음악(Musique concrete, 영어식: Concrete music)이라는 용어를 제일 처음 사용했던 피에르 쉐퍼는 그 자신이 뛰어난 엔지니어이자 다양한 음악 활동을 병행했던, 그리고 수많은 세기의 작곡가들과 함께 음악 작업을 했던 사람이었습니다.

그래서 음향을 공부한 후 커즈와일 뮤직 시스템(KURZWEIL Music Systems)의 연구원으로 일하면서 다양한 신디사이저를 개발했고 신디사이저를 개발하는 일이 곧, 음악인과 함께 음악을 만들어 가는 나의 방법이라고 생각을 했었죠. 운이 좋게도 커즈와일 뮤직 시스템이라는 회사는 세계적인 음악인들과 함께 작업을 할 많은 기회를 준 회사이기도 했습니다. 또, 많지는 않았지만 몇몇 작곡가와 함께 실험적인 음악을 구현할 수 있는 기회를 갖기도 했었죠.

그리고 2000년부터 대학교에서 학생들과 수업을 진행하면서 내가 알고 있는 기술적인 부분들, 사운드에 대한 부분들을 학생들과 나누는 일 역시 음악인과 함께 음악을 만들어 가는 방법 중의 하나라는 것을 알게 되었습니다.

그러던 어느 날, 우연히 아두이노(ARDUINO)라는 것을 알게 되었고, 이제 음악인들이 보다 편하고 쉽게 그들이 상상한 것을 실제로 구현할 수 있겠다는 가능성을 보게 되었습니다. 어쩌면 아두이노의 등장으로 제가 음악인들과 누릴 수 있는 음악적 실험과 체험, 그리고 즐거움의 기회는 줄어들지도 모르겠습니다. 하지만 아두이노를 보다 쉽고 재미있게 음악인들에게 소개하고 알리는 것 역시 제가 음악인과 함께 음악을 만들어 가는 하나의 방법이지 않을까 생각해 봅니다.

 어쩌면 이 책을 다 읽은 후, '아! 역시 인터랙티브 뮤직은 너무 어려워!' 라는 결론을 내리는 독자도 있을지 모릅니다. 하지만 걱정하지 마세요. 이 책을 읽고 아두이노를 자유롭게 다룰 수 있게 된다면 음악인으로서는 아주 좋은 음악적 소재를 하나 더 얻은 것이 될 거구요. 그렇지 않다고 하더라도 저와 같은 엔지니어들과 공동작업을 할 때 훨씬 더 자유로운 의사소통을 할 수 있게 될 것입니다. 공동작업을 할 때 의사소통이 자유롭다는 것은 여러분의 상상을 보다 구체적으로 설명할 수 있음을 의미하니까요. 그것만으로도 이 책의 의미는 충분하다고 생각이 됩니다.

 그럼 두려움을 모두 버리고 즐거운 마음으로 새로운 도전을 해 보시길 바랍니다.

책에 대해

책의 개요

본 서적은 다음과 같이 모두 9개의 장으로 구성되어 있다.
0장과 1장에서는 인터랙티브 뮤직과 아두이노에 대한 소개를 통하여 독자가 이 책으로 공부할 목표지점을 제시한다. 2~3장은 다양한 실험들을 통하여 아두이노에 자연스럽게 익숙해질 수 있도록 썼다. 4~7장은 인터랙티브 뮤직이나 뉴미디어 아트에서 가장 효과적으로 사용하게 될 시리얼 통신과 MIDI 통신을 재미있는 실험들을 통해서 익힐 수 있도록 하였다. 마지막 8장은 인터랙티브 음악의 구현과 영상 제어의 예제를 통하여 실제 인터랙티브 뮤직의 구현과 영상 제어를 하는데 필요한 모든 요소들에 대해서 다루고 있다.

책의 대상 독자

이 책은 음악가나 뉴미디어 아티스트, 전자악기 개발을 하고자 하는 사람들과 전기/전자 공작을 취미로 하는 사람들, 그리고 마이크로컨트롤러를 처음 접하는 공학도를 위한 책이다. 특별한 기술적, 공학적 배경 지식이 없어도 쉽고 재미있게 아두이노를 공부하고, 아두이노를 이용하여 상상한 무엇인가를 구현할 수 있기를 바라는 마음으로 썼다. 예술가에게는 예술가적 상상력을 구현하는데 도움이 될 것이고, 취미로 전기전자 공작을 즐기는 사람들에게는 무엇인가를 만들어 내는 즐거움을 줄 것이며, 병아리 공대생들에게는 마이크로컨트롤러를 공부하기 전 충분한 워밍업이 되어 줄 것이다. 또한 전자악기 개발에 관심이 있는 사람에게는 좋은 입문서이자 지침서가 되어 줄 것이다.

책의 특징

이 책은 모두 30개의 실험들로 구성되어 있다. 아두이노를 이용하여 무엇인가를 구현하는 데에 초점을 맞췄다. 독자는 하나, 하나의 실험을 따라 하는 과정을 통하여 자연스럽게 아두이노에 익숙해지게 될 것이며 30개의 실험들을 조합하는 것만으로도 새로운 프로젝트를 구성하고 구현할 수 있을 것이다.

0장

Arduino for Interactive Music

인터랙티브 뮤직의 개요

인터랙티브 뮤직(Interactive Music), 굳이 번역하자면 '상호작용을 하는 음악, 대화형 음악'이라는 뜻일진대 음악이라는 것이 원래 상호작용을 하는 것이 아니었던가? 공연장에 온 관객들의 분위기에 따라서 또는 연주 당일의 기온이나 상황에 따라서도 달라지는 것이 음악이 아닌가? 그래서 우리는 음악에 그렇게 열광하는 것이 아닐까?

그런데 왜 우리는 또 음악에 인터랙티브라는 수식어를 붙이게 된 것일까? 인터랙티브 뮤직은 음악과 연주자, 또는 음악과 관객과의 상호작용이 음악을 이루는 요소들인 리듬, 선율, 화성 또는 음향에 영향을 줘서 새로이 구성되는 음악을 의미한다. 앞서 이야기한 기존의 음악에서는 관객들의 분위기나 연주 당일의 상황에 따라서 음악을 이루는 요소가 변하는 일이 흔치 않다. (물론 재즈와 같은 장르의 음악이라면 주위의 상황에 따라서 즉흥연주의 요소가 달라질 수는 있겠지만….)

예를 들어 여러분의 신발 밑에 스위치를 장착하여 여러분이 걷는 속도를 감지하도록 한다. 그리고 감지된 속도가 음악의 템포를 조절한다면 여러분이 한

걸음씩 걸음을 옮기는 것이 음악의 리듬을 변화시킨다. 또 다른 예로 높이를 감지하는 센서를 풍선에 장착하여 풍선이 천정까지 올라가면 장2도만큼 조옮김이 되도록 한 후 풍선을 관객석에 던진다. 그리고 미리 준비된 음악을 연주할 때 관객이 풍선을 위아래로 던지고 받으면 여러분이 준비한 선율은 장2도만큼 자유롭게 움직일 테고, 새로운 음악이 만들어지게 될 것이다. 이렇듯 인터랙티브 뮤직은 관객들과 연주자와 음악과 음향이 유기적으로 움직이는 음악이다.

1966년 뉴욕의 필하모닉홀에서 존 케이지(John Cage)는 '머스 커닝엄(Merce Cunningham) 무용단을 위한 작품'을 통하여 무대와 무용수들에게 센서를 부착하고 무용수들의 움직임에 따라 변화하는 음악을 선보인 적이 있다.

그렇다면 앞서 든 예와 같은 인터랙티브 뮤직은 어떻게 구현할 수 있을까?

인터랙티브 뮤직은 **'음악의 어떤 요소를 어떻게 제어할 것인가?'** 로 정의할 수 있다. 위의 첫 번째 예에서는 리듬이라는 음악적 요소를 걷는 속도로 제어하는 것이며 두 번째 예에서는 선율이라는 음악적 요소를 풍선의 위치(높낮이)를 이용하여 제어하는 것이다.

이것을 다시 한번 정리하자면 인터랙티브 뮤직의 구현 과정은 음악적 요소를 제어하는 제어장치와 제어장치에 의해 제어될 음악적 요소들, 그리고 제어장치가 음악적 의미를 지닐 수 있게끔 하는 프로세싱이라는 과정으로 구성된다. 그럼 이제부터 각각의 요소들에 대해서 좀더 자세하게 알아 보도록 하겠다.

인터랙티브 뮤직의 4가지 요소

- 제어 장치

제어의 시작은 감지에서 시작한다고 할 수 있다. 무엇인가가 감지되면 그 감지된 정도를 이용하여 음악을, 또는 소리를 제어하는 용도로 사용하는 것이다. 이렇듯 무엇인가를 감지하는 장치를 센서(sensor)라고 하는데 센서는 우리의 주변에서도 쉽게 찾아 볼 수 있다. 예를 들어 자동문은 사람의 접근을 감지하는 일을 하며 화재 경보기는 온도를 감지하는(화재 경보기의 종류에 따라서는 유독가스를 감지하는 센서를 사용하는 경우도 있다) 일을 한다. 이렇게 센서는 우리의 주위에서 다양하게 사용되고 있으며, 이와 같은 센서를 이용하여 음악을 제어하는 것이 인터랙티브 뮤직에서 제어장치의 역할이다.

Tip

다양한 센서들을 접할 때마다 그 센서를 이용하여 어떻게 음악적으로 사용할 수 있을지를 고민해 보면 많은 공부가 될 것이다. 예를 들어 가스를 감지하는 화재경보기의 경우 '포그 머신(Fog Machine)에서 연기가 분사될 때마다 베이스 음이 울리면 어떨까?' 라든가, 근접 센서의 경우 '무대 위에 근접 센서를 여러 개 설치하고 무용수들이 움직이는 동선에 따라서 음형이 바뀌면 어떨까?' 라든가 하는 아이디어를 생각해 보는 것이다.

- 음원 장치

제어 장치에서 무엇인가를 감지하였다면 그 감지된 정도를 이용하여 음악, 또는 음향의 요소를 제어하게 된다. 바로 음악, 또는 음향의 요소를 만들어 내는 부분이 음원 장치에 해당되며 대개는 신디사이저(synthesizer), 또는 컴퓨터 상에 설치된 신디사이저 소프트웨어를 사용한다. 신디사이저는 그 자체만으로도 상당한 공부가 필요한 분야다. 따라서 이 책에서는 기존에 사용하는 신디사이저의 프리셋을 이용하는 방법을 소개하고, 미리 프로그래밍한 소프트웨어 신디사이저 엔진을 그대로 사용하도록 할 것이다.

- 프로세싱(Processing)

센서로부터 읽어 온 값은 그저 숫자에 지나지 않는다. 가령 아두이노를 이용하여 스위치와 같은 센서의 값을 읽는다면 Off일 때 0, On일 때 1이라는 값을 얻는다. 밝기 센서의 값을 읽는다면 어둡고 밝은 정도를 0부터 1023이라는 값으로 얻을 수 있다. 하지만 이 값은 그저 숫자일 뿐 음악적 의미를 지니지는 않는다. 따라서 우리는 이 값에 음악적 의미를 부여하는 일을 해야 한다. 예를 들어 스위치가 On 상태일 때는 메이저(Major) 선율이, 스위치가 Off일 때는 마이너(Minor) 선율이 되게끔 할 수도 있다. 밝기 센서에서 빛이 전혀 없으면 0, 가장 밝으면 1023의 값이 읽힌다고 해보자. 그러면 밝기에 따라 100 정도의 밝기이면 내림마장조(Eb Major), 300 정도의 밝기이면 라장조(D Major), 800 정도의 밝기이면 다장조(C Major), 1200 정도의 밝기이면 사장조(G Major)로 연주가 되게 하는 일을 할 수 있다. 이런 것이 바로 음악적 의미를 부여하는 일이며 이것을 프로세싱이라고 한다.

• MIDI

MIDI는 Musical Instrument Digital Interface의 약자로 전자악기 간에 정보를 주고 받기 위해 정해진 표준규격이다. 따라서 이 표준을 이해하고 지킨다면 센서로부터 읽어온 값을 이용하여 쉽고 편하게 신디사이저를 제어할 수 있다.

이 책에서는 아두이노(Arduino)를 이용하여 센서에서 감지된 정도(감지 값)를 읽어 들이고, 그것을 음악적 의미가 있는 값으로 프로세싱한 다음, MIDI 데이터로 변환하여 음원장치를 제어하는 방법에 대해서 다루게 된다.

만약 MIDI라는 표준규격과 아두이노라는 손쉬운 장비가 없었다면 인터랙티브 뮤직 구현에 대해 쓰는 일은 내게는 불가능한 일이었을 지도 모르겠다.

이제 인터랙티브 뮤직의 대략적인 개념에 대한 설명을 마쳤으니 다음 장부터는 인터랙티브 뮤직의 구현을 위한 기본적인 실험들을 시작해 보도록 하자.

 Note 인터랙티브 뮤직과 DJ 퍼포먼스

현대의 DJ들은 자신이 미리 준비해 놓은 다양한 음악적 재료들을 이용하여 그때그때의 분위기나 상황에 따라 리듬을 바꾸기도 하고, 선율을 바꾸기도 하며, 음향을 바꾸기도 한다. 그리고 그 음악적 요소들을 보다 효과적인 방법으로 변화시키기 위해 다양한 제어방법을 고민하기도 한다. 이런 DJ들의 노력과 퍼포먼스를 보고 있으면 '어쩌면 DJ 퍼포먼스는 인터랙티브 뮤직을 활용하는 대표적인 사례가 아닐까' 하는 생각이 든다.

1장

Arduino for Interactive Music

아두이노와 만나다

우리는 이 책에서 아두이노라는 기기를 이용하여 인터랙티브 뮤직을 구현하는 일을 하게 될 것이다. 그렇다면 아두이노란 무엇일까?

1.1 아두이노란 무엇인가?

간단하게 설명하자면 아두이노는 쉽게 사용할 수 있는 컴퓨터라고 할 수 있다. 이런 설명을 들으면 '저건 좀 과장된 것 같은데…' 또는 '도대체 쉽게 사용할 수 있는 컴퓨터는 또 무슨 소리야?'라는 생각이 들지도 모른다.

 요즘 대부분의 가전제품에는 아주 조그마한 컴퓨터가 들어가 있다. 예를 들어 우리가 항상 마주하고 있는 텔레비전의 경우, 그 안에 조그마한 컴퓨터가 들어가 있어서 영상의 노이즈를 제거하기도 하고 리모컨을 조작했을 때 리모컨의 어떤 버튼이 눌렸는지를 인지하여 해당하는 동작을 하기도 한다. 그렇다면 전기밥솥은 어떤가? 우리가 5시간 후에 밥이 되도록 예약을 했다면 5시간 후에 전기밥솥이 스스로 밥을 하기 시작한다. 더 나아가서는 사용자의 설정에 따라서 전기 밥솥이 떡을 만들기도 하고, 고구마를 삶기도 한다. 바로 이 모든 것이 가전제품 안에 들어가 있는 컴퓨터가 하는 일이며 이렇게 작은 컴퓨터를 마이크로컴퓨터, 마이크로프로세서, 마이크로컨트롤러라고 부른다.

그렇다면 쉽게 사용할 수 있다는 것은 어떤 의미일까? 만약 여러분이 가장 익숙하게 사용하고 있는 데스크톱 컴퓨터를 이용하여 외부의 빛을 감지하여 외부가 어두우면 꼬마전구가 켜지게 하고자 한다면 어떻게 할까? 아…. 이건 시작부터 결코 만만한 일이 아닐 것이다. 공학을 하거나 컴퓨터에 능숙한 사람에게도 이런 류의 일은 만만치 않거나 귀찮은 일 중의 하나임이 분명하다. 그런데 공학을 하는 사람에게조차 만만치 않고 귀찮은 일을 음악을 하는 사람들 혹은 공학에 익숙치 않은 사람들이 하고자 한다면 이건 너무 무리한 일이 아닌가? 그래서 초기의 전자음악이나 미디어아트는 예술가와 엔지니어가 공동작업을 하는 경우가 많았고 지금도 이런 공동작업은 많이 이루어지고 있다. 하지만 기술이 발전하고 다양한 개발환경이 생겨 나면서 공학에 익숙하지 않은 사람들도 쉽게 사용할 수 있는 마이크로컴퓨터가 만들어졌으니, 바로 그것이 이제부터 우리가 다루게 될 아두이노다.

아두이노를 이용하면 외부의 빛을 감지하여 전구가 켜지게 하는 일 정도는 선을 몇 개 연결하고 4~5줄 정도의 메시지를 입력하는 것만으로 간단하게 구현할 수 있다.

그렇다면 이제 아두이노에 대해서 차근차근 공부해 보도록 하자.

1.2 아두이노의 선택과 구입

아두이노의 국내 공식 판매처는 플러그하우스(http://www.plughouse.co.kr)이다.[1] 홈페이지를 방문하면 여러 종류의 아두이노를 살펴 보고 구매할 수 있다. 그 중에는 엄청나게 많은 일을 할 수 있지만 가격도 비싼 아두이노 메가(Arduino Mega)나 아두이노 메가2560(Arduino Mega2560)과 같은 보드도 있

---

1 플러그하우스 외의 판매처는 부록 D를 참고하자.

그림 1 아두이노 두에밀라노베/328 보드와 아두이노 우노 보드

으며 아두이노 미니(Arduino Mini)와 같이 귀엽고 깜찍하지만 다양한 프로젝트를 수행하기에는 기능이 조금 아쉬운 보드도 있다. 그래서 우리는 이 책에서 아두이노 두에밀라노베/328(Arduino Duemilanove/328)이라는 보드를 사용하기로 하였다. (아두이노 우노(Arduino Uno) 보드를 사용해도 무방하다.)

이 외에도 아두이노 스타터 키트(Arduino Starter Kit)라는 것이 있는데 이 제품은 아두이노 우노 보드와 아두이노 실험에 필요한 기본적인 부품들을 한데 모아 놓은 제품으로 만약 아두이노 스타터 키트를 구입하게 된다면 별도의 부품을 구입하지 않고 책에서 다루어지는 대부분의 실험을 수행할 수 있을 것이다.

그림 2 아두이노 스타터 키트

따라서 여러분은 위에서 설명한 아두이노 두에밀라노베/328, 아두이노 우노 또는 아두이노 스타터 키트 중 하나를 구입하면 될 것이다.

1.3 아두이노의 생김새

이제 우리가 사용하게 될 아두이노와 친해지기 위해 생김새부터 살펴보도록 하자. 우리가 사용하게 될 아두이노 두에밀라노베/328의 생김새는 그림 3과 같다. 각 부분별로 그 기능과 역할을 살펴보도록 하자.

1) 전원: 아두이노가 컴퓨터와 USB로 연결이 되었을 때는 기본적으로 컴퓨터로부터 전원을 공급받는다. 그런데 아두이노를 컴퓨터와 연결하지 않고 독립적으로 사용고자 하는 경우, 전원 단자에 어댑터를 이용하여 전원을 공급할 수 있다. 9~12 볼트 정도의 어댑터를 사용할 수 있다. 하지만 이 책에서는 이 전원을 사용하지 않을 것이다.
2) ATMEGA328: 아두이노 두에밀라노베/328이 사용하는 마이크로 컨트롤러가 바로 아트멜(ATMEL)이라는 회사의 ATMEGA328 모델이다. (우리가 '내 컴퓨터에는 인텔이라는 회사의 펜티엄4 CPU가 장착되어 있어.' 라고 이야기하는 것처럼 아두이노라는 컴퓨터에는 아트멜이라는 회사의 ATMEGA328 CPU가 장착되어 있는 것이다.)
3) USB 단자: 아두이노는 이 USB 단자를 이용하여 내가 프로그래밍한 내용

그림 3 아두이노의 생김새(Uno R3/Uno R2)

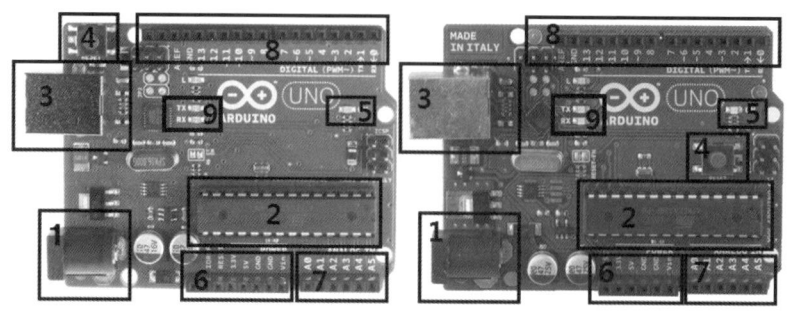

을 아두이노 보드에 다운로드하기도 하고, 또 컴퓨터와 아두이노 간에 의사소통(이것을 통신이라고 한다)을 하기도 한다. (프로그래밍한 내용이라는 것은 아두이노가 센서에서 어떤 값을 입력 받았을 때 어떤 일을 수행하라는 일련의 프로세스를 메시지처럼 정리한 내용을 의미한다.)

4) 리셋(reset) 스위치: 컴퓨터의 리셋 버튼과 마찬가지로 아두이노 보드를 껐다 켜는 역할을 한다. 아두이노의 동작을 처음부터 다시 시작하고자 할 때 이 스위치를 눌러서 재시동할 수 있다.

5) Power LED: 아두이노가 켜져 있음을 확인할 수 있는 LED이다. 아두이노가 켜져 있으면 이 LED에 불이 들어온다.

6) 전원 공급 포트: 전원 공급 포트는 아두이노에 연결되는 소자들(불을 켤 때 사용하는 LED나, 소리를 낼 때 사용하는 피에조 등….)이 일을 할 수 있게끔 전원을 공급해 주는 포트이다. 아두이노에 연결되는 소자에 전원을 공급해 주는 것이 어떤 의미가 있는지에 대해서는 13쪽의 Note '회로의 구성과 전원'을 참고하기 바란다.

7) 아날로그 입력 포트(Analog Input Port): 아날로그 입력 포트는 우리의 눈, 코, 귀와 같은 역할을 한다. 아날로그 포트에 연결된 센서로부터 다양한 입력을 받을 수 있다. 슬라이더를 얼만큼 올렸는지 내렸는지, 노브를 얼만큼 돌렸는지, 현재의 밝기가 얼마나 밝은지 등의 정도를 센서를 통하여 인지하게 되며 그 값은 0~1023이라는 값으로 받아들이게 된다.

8) 디지털 입출력 포트(Digital I/O Port): 아날로그 입력이 연속적인 변화 값을 읽어 들이는 포트였다면 디지털 입출력 포트는 1 또는 0의 신호를 입력 받거나 출력하는 포트이다. 1 또는 0의 신호를 입력 받거나 출력한다는 것이 어떤 의미인지에 대해서는 15쪽의 Tip '디지털 신호의 이해'를 참고하기 바란다.

9) 시리얼 통신 확인용 LED: 앞서 설명했던 디지털 출력 방법 중 시리얼 통신이라는 것이 있다. 우리가 컴퓨터 음악에서 필수적으로 사용하게 되는

> **Tip**
>
> **아날로그와 디지털의 차이점**
> 아날로그와 디지털을 구분하는 요소는 연속성이다. 결론부터 이야기하자면 아날로그는 연속적인 신호이며 디지털은 불연속적인 신호이다. 예를 들어, 아날로그 방식의 진공관 앰프에서는 볼륨 노브(knob)를 돌리면 음량이 연속적으로 커지거나 작아지게 되지만, 디지털 방식의 MP3 플레이어에서는 Vol+, Vol- 버튼을 누르면 1, 2, 3, 4, 5,…와 같이 음량이 불연속적으로 커지거나 작아지게 된다.

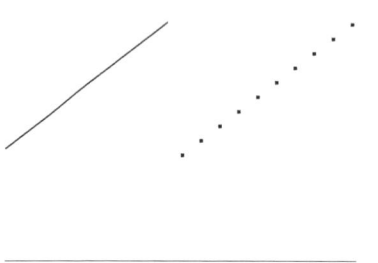

그림 4 아날로그방식과 디지털 방식

MIDI라는 규격도 시리얼 통신의 일종이다. 아두이노가 어떤 외부의 기기나 컴퓨터와 시리얼 통신을 할 때 아두이노의 시리얼 통신 확인용 LED에 불이 들어와서 지금 시리얼 통신을 통하여 신호를 보내고 있는지(Tx-Transmit) 또는 신호를 받고 있는지(Rx-Receive)를 확인할 수 있도록 해준다.

이렇게 해서 우리는 아두이노의 기본적인 생김새, 각 부분의 기능과 역할에 대해서 간단하게 살펴보았다. 이것은 아두이노와 친해지기 위한 기본적인 단계이며, 앞으로의 과정을 통하여 아두이노를 자유롭게 사용하게 될 것이다.

Note 회로의 구성과 전원

우리는 앞으로의 실험에서 아두이노에 스위치를 연결하기도 하고 LED를 연결하여 빛을 내기도 하며 스피커를 연결하여 소리를 내기도 할 것이다. 그렇다면 잠시 초등학교 시절 과학시간으로 되돌아가 보자. 만약 필자와 비슷한 연배의 독자라면 국민학교 시절 자연시간으로 돌아가도 상관없다. 그 시절 건전지에 꼬마전구를 연결하여 꼬마전구를 켰던 것을 기억하는가? 또 그 사이에 스위치를 연결하여 스위치를 누르면 꼬마전구에 불이 들어오고 스위치에서 손을 떼면 꼬마전구에 불이 꺼지는 실험을 했던 기억이 날 것이다.

그림 5 꼬마전구와 건전지의 연결, 꼬마전구와 스위치와 건전지의 연결

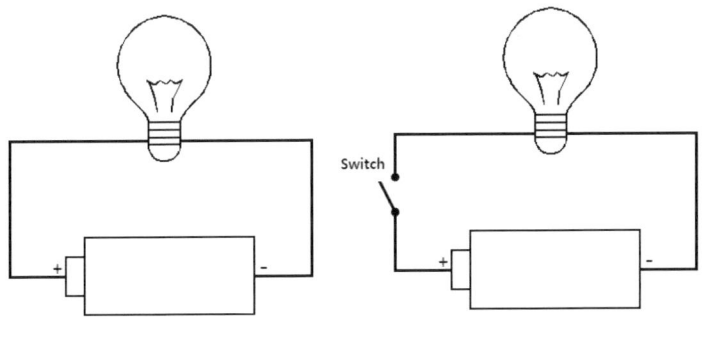

그림 5에서 보듯이 꼬마전구를 켜기 위해서 우리는 1.5 V(볼트, Volt)의 건전지를 사용했고 스위치를 이용하여 그 전류의 흐름을 흐르게 하기도, 끊기도 하여 꼬마전구의 불을 켜고 껐었다.

회로(回路)는 돌아올 '회(回)', 길 '로(路)', 즉 돌아오는 길이라는 뜻으로 전류가 전선을 따라 돌면서 일을 하게 되며 회로가 끊겨서 전류의 흐름이 끊기면 전류가 돌지 않고 멈추기 때문에 일도 하지 않는다. (영어로도 회로는 순환을 의미하는 circuit이다.)

단순하게 생각하자면 회로는 높은 전압에서 낮은 전압 쪽으로 전기가 흐르면서 각각의 소자들에게 일을 시키는 것이다. 회로는 보통 물레방아의 예로도 자주 설명이 되는데 물레방아는 높은 위치의 물(수압이 높은)이 낮은 위치(수압이 낮은)로 흐르면서 물레방아(소자)를 돌게 하는 장치이다. 마찬가지로 우리가 아두이노를 이용하여 불을 켜거나 소리를 내거나 하는 일을 하려면 전압이 높은 곳(물레방아의 예에서는 수압이 높은 곳)과 전압이 낮은 곳(물레방아의 예에서는 수압이 낮은 곳) 사이에 일을 시킬 소자(물레방아의 예에서는 물레방아)를 연결하면 된다.

이제 다시 초등학교 시절의 실험을 떠올려 보자. 건전지에서는 전압이 높은 곳이 +극, 전압이 낮은 곳이 -극이 된다. 그런데 과연 전압이 얼만큼 높으며 얼만큼 낮다는 것일까? 그래서 회로에서는 전압의 기준점을 지면이라는 뜻의 그라운드(Ground, 줄여서 Gnd 라고 표시한다)라고 하며 그 전압을 기준으로 했을 때 얼마나 전압이 높은가를 표시하게 된다. 이와 같은 표현대로 정리하자면 건전지의 -극은 그라운드(이제부터는 Gnd라고 표시할 것이다)이며 +극은 Gnd보다 1.5V만큼 높은 전압을 가지고 있는 것이다. 그리고 +1.5V와 Gnd 사이에 꼬마전구가 연결이 되면 전압이 높은 곳(+극, +1.5V)에서 낮은 곳(-극, Gnd)으로 전기가 흐르면서 꼬마전구에 불이 들어오게 된다.

반면 아두이노는 3.3V(3V3 이라고 쓰여진 포트)와 5V의 전원이 사용된다. 1.5V 건전지에 + 극과 - 극이 있었다면 아두이노에는 3.3V(3V3), 5V의 전원과 Gnd라는 포트가 건전지의 +극, - 극에 각각 해당이 된다. 만약 여러분에게 꼬마전구가 있다면 아두이노의 3V3과 Gnd 사이에 꼬마전구를 연결하는 것만으로 꼬마전구를 켜볼 수도 있다. 하지만 이런 실험을 하기에 아두이노는 너무 비싼 장비인 듯하며 어쩌면 꼬마전구는 3.3V의 높은 전압을 버티지 못하고 밝은 빛을 내다가 금방 타버릴지도 모른다.

> **Tip**
>
> **디지털 신호의 이해**
> '디지털은 1 또는 0의 신호로 정보를 표시한다.' 처음 디지털이라는 것을 접하는 이들에게 이것은 먼 나라 이야기처럼 들릴지도 모르겠다. 간단하게 이야기하자면 0은 전기가 흐르지 않는 상태를, 1은 전기가 흐르는 상태를 의미한다. 예를 들어서 0~13번까지의 Digital I/O Port 중에서 2번 포트로 1이라는 값을 출력하게 되면 2번 포트로 5V의 전기가 흐르게 된다. 따라서 Digital I/O 2번 포트와 전원공급 포트의 Gnd 사이에 LED를 연결하고 Digital I/O 2번 포트에 1을 출력하면 2번 포트는 건전지의 +극, Gnd는 건전지의 -극과 같은 역할을 해서 LED에 불이 들어오게 된다. 그리고 Digital I/O 2번 포트에 0을 출력하면 2번 포트는 건전지의 -극, Gnd 역시 건전지의 -극이 되어 LED가 꺼지게 된다. 이외에도 디지털로 출력을 하는 방법은 PWM(Pulse Width Modulation)이나 Serial 통신 등이 있는데 이에 대해서는 앞으로 하나씩 실험을 통해서 배워가도록 할 것이다.

1.4 작업환경 구축

이제 아두이노의 생김새도 익숙해졌으니 아두이노를 이용하여 어떻게 작업을 하는지에 대해서 살펴보도록 하자. 아두이노를 이용한 작업은 크게 하드웨어 만들기와 소프트웨어 작성, 그리고 음악의 실연으로 구분할 수 있다.

하드웨어 준비

아두이노를 이용하면 브레드보드(Breadboard, 빵판)라는 판(그림 6)에 필요한 부품을 꼽고 선을 몇 가닥 연결하는 것으로 간단하게 하드웨어의 구현이 가능하다. 아두이노 스타터 키트를 구입하면 브레드보드와 전선까지 모두 포함되어 있다.

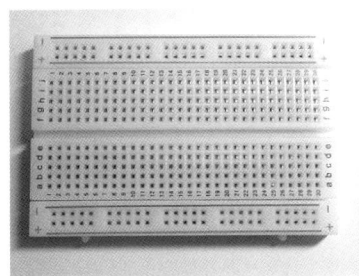

그림 6 브레드보드

브레드보드의 사용법은 2.1 LED 켜

그림 7 http://www.arduino.cc 홈페이지

기에서 구체적으로 다루도록 한다.

소프트웨어 설치

아두이노를 이용한 작업을 하는 소프트웨어 툴은 http://www.arduino.cc에서 무료로 다운로드 할 수 있다. 또한 이 사이트에는 아두이노에 대한 다양한 자료와 정보가 공개되어 있으므로 자주 방문하여 많은 정보를 얻기를 권한다.

홈페이지에서 Download 탭을 클릭하면 아두이노 작업에 필요한 소프트웨어 툴을 다운받을 수 있는 페이지로 이동하며 여러분의 컴퓨터 운영체제에 맞게 소프트웨어를 다운받으면 된다.

그림 8의 페이지에서 여러분의 운영체제를 선택하면 운영체제에 맞는 소프트웨어 툴을 다운로드 할 수 있다.

Windows를 선택한 경우, 그림 9와 같이 압축된 파일을 직접 열거나 원하는 폴더에 저장한 후 압축을 풀 수도 있다. 압축을 풀고 나면 별도의 설치 없이 압

그림 8 Download 페이지

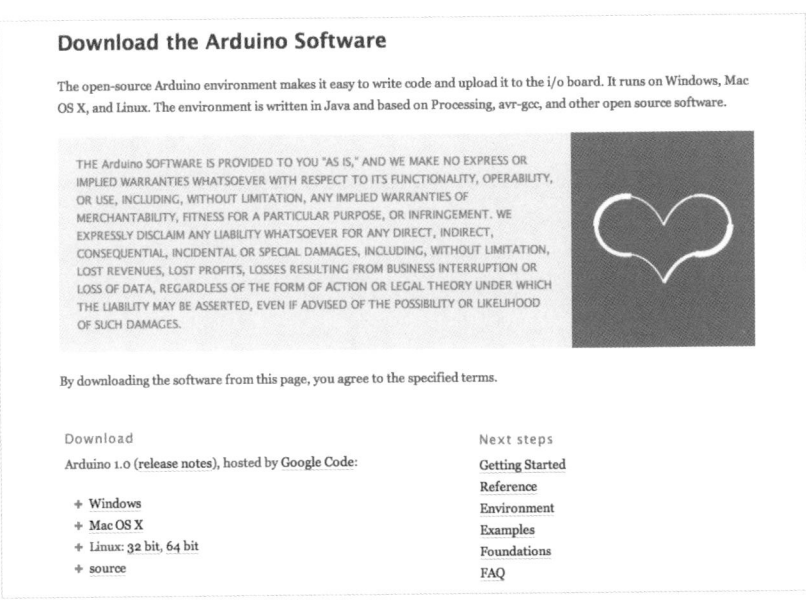

그림 9 아두이노 소프트웨어 다운로드(Windows를 선택한 경우)

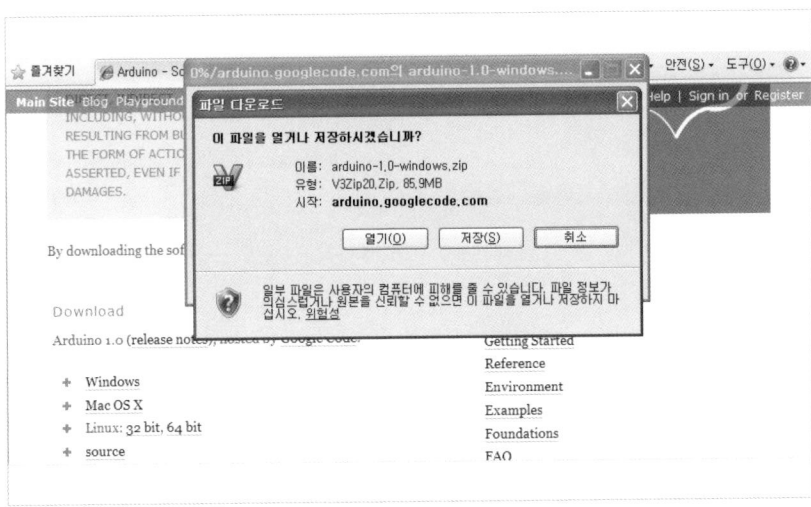

1장 **아두이노와 만나다** 17

축을 푼 폴더에 있는 Arduino.exe라는 아이콘을 더블클릭하여 프로그램을 실행할 수 있다.

그림 10 아두이노 소프트웨어의 구동(Windows)

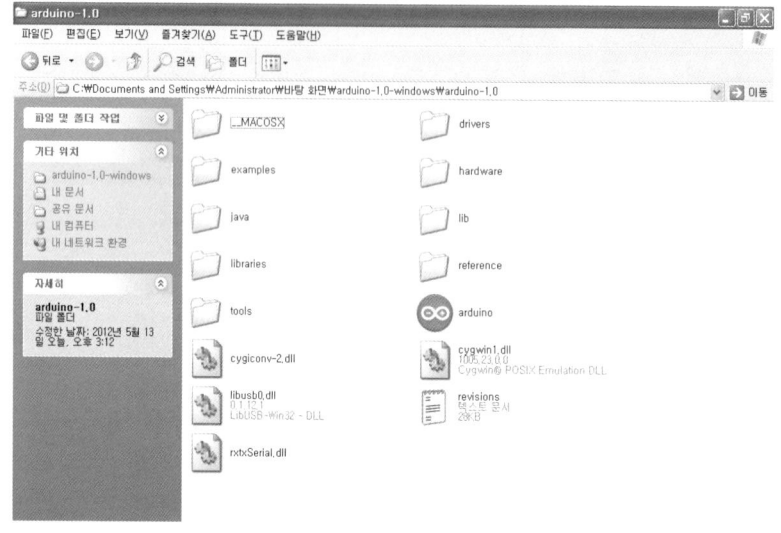

그림 11 다운로드(MacOS X를 선택한 경우)

그림 12 아두이노 설치 화면

Mac을 선택한 경우는 그림 11과 같이 다운로드 창이 나타나면서 다운로드를 시작한다. 다운로드를 마치고 나면 그림 12와 같이 아두이노 드라이브 이미지가 나타나며 폴더가 열린다.

 여기서 Arduino 아이콘을 마우스로 클릭해서 Applications 아이콘으로 끌어다 놓으면 아두이노 소프트웨어 설치를 시작한다. (이후에는 응용프로그램 폴더에 있는 Arduino 아이콘을 더블클릭해서 소프트웨어를 실행하면 된다.) 그리고 FTDIUSBSerialDriver_xxx(xxx는 버전을 나타내는 숫자를 의미)를 더블클릭하여 아두이노 하드웨어 드라이버를 설치하면 아두이노를 사용하기 위한 모든 준비는 끝난다.

그림 13 아두이노 소프트웨어의 구동(Mac OS X)

 이제 아두이노 소프트웨어를 실행해 보도록 하자.

 Arduino 아이콘을 더블클릭하면 그림 14와 같이 시동화면이 잠시 나타난 후 초기화면이 나타난다.

 이제 메모장처럼 생긴 곳에 아두이노를 조종할 메시지를 입력하면 아두이노를 여러분 마음대로 조작할 수 있다.

그림 14 아두이노 소프트웨어 실행 화면

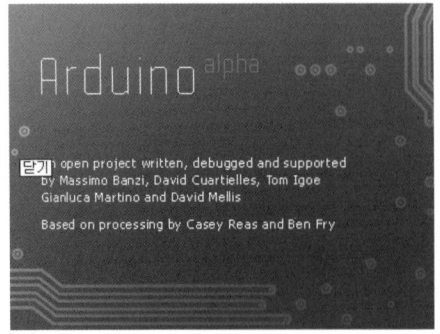

음악의 실연

음악의 실연은 여러분이 즐겨 사용하는 시퀀싱[2] 프로그램을 이용하여 음악을 만들고, 그 음악의 요소 중 어떤 부분을 아두이노로 조작할 것인지를 설정하는 것이다.

시퀀서를 다루는 방법이나 신디시스에 대한 부분까지 설명하려면 내용이 너무 방대해져서 이 책에서는 **8장 아두이노 온 바흐(Arduino on Bach)**의 예제를 통해서 실연하는 방법에 대해 살펴보겠다.

---

2 시퀀싱 프로그램은 컴퓨터 음악을 만들기 위해 사용하는 소프트웨어로써 Steinberg의 Cubase, Nuendo, Cakewalk의 Sonar, Apple의 Logic 등이 있다.

2장

Arduino for **Interactive Music**

아두이노와 친해지기

이제 드디어 아두이노를 이용한 실습을 할 시간이다. 어떤 이들에게는 새로운 세계에 대한 두려움의 시작일 수도 있고, 어떤 이들에게는 설레임의 시작일 수도 있겠으나 초등학교 과학 시간에서 다루었던 내용부터 시작할 것이니 두려움은 버리고 즐거운 마음으로 따라오기 바란다.

이제부터 시작할 실험 및 실습은 다음과 같이 구성이 될 것이다.

목표 : 실험 목표와 인터랙티브 뮤직 구현에 어떻게 적용되는지를 설명
하드웨어 구성 : 실험을 위한 하드웨어 구성에 대한 설명
아두이노 프로그래밍 : 아두이노를 동작시키기 위한 프로그래밍 코드 설명

이외에 더 알아두면 좋을 내용을 Tip으로 소개하고 전기, 전자에 대한 지식이나 프로그래밍 지식은 Note로 소개할 것이며 각 실험이 끝났을 때 더 다양한 개인적인 실습이 필요한 경우는 실습과제를 제안하겠다.

2.1 LED 켜기

목표

브레드보드를 이용하여 다양한 LED에 불을 켜보면서 브레드보드를 이용하는 방법을 익히고자 한다.

하드웨어 구성

브레드보드의 이해

앞으로 우리가 실험을 구성하는데 사용할 브레드보드의 생김새는 그림 15와 같고, 내부 구조는 그림 16과 같다.

브레드보드의 +와 -라고 굵은 선으로 표시되어 있는 부분은 그림 16과 같이 하나로 연결이 되어 있다. 따라서 +가 표시된 여러 개의 구멍 중 한 곳에 +전원을 연결하면 그 구멍이 포함된 줄의 구멍은 모두 +전원이 된다. 마찬가지로 -가 표시된 여러 개의 구멍 중 한 곳에 Gnd를 연결하면 그 구멍이 포함된 줄

그림 15 브레드보드의 생김새

그림 16 브레드보드의 내부구조

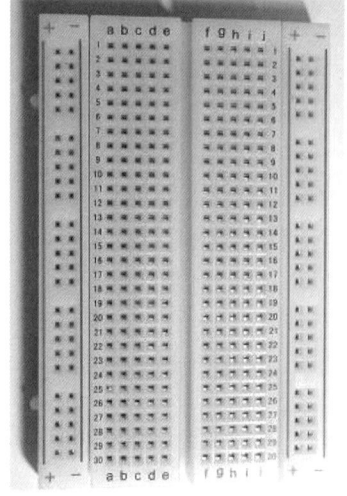
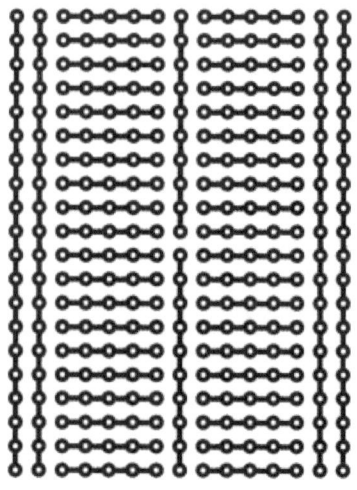

의 구멍은 모두 Gnd가 된다. (지금 당장 이해가 안되더라도 여러 가지 실습을 하는 사이에 자연스럽게 익숙해질 것이다.)

그 옆의 a, b, c, d, e 이렇게 5개의 구멍은 그림 16에서 보이는 것처럼 하나로 연결되어 있으며 f, g, h, i, j 이렇게 5개의 구멍도 하나로 연결되어 있다. 따라서 만약 제일 윗줄의 a라는 구멍에 +전원을 연결했다면 제일 윗줄의 b, c, d, e도 모두 +전원이 된다. (실제 실습에서는 a, b, c, d, e 나 f, g, h, i, j 구멍에 전원을 연결할 일은 거의 없을 것이다.)

그림 16과 같이 +, -로 표시되어 있는 부분은 세로방향으로 하나로 묶여 있고 a, b, c, d, e 와 f, g, h, i, j 는 가로 방향으로 하나로 묶여 있음을 이해하면 되며 다양한 실습을 통하여 자연스럽게 익숙해지도록 하자.

LED 부품의 이해

초등학교 시절로 되돌아가서 꼬마전구에 건전지를 연결하여 꼬마전구의 불을 밝혔던 실험을 브레드보드를 이용하여 해보자. 우리는 꼬마전구 대신 불을 밝히는 LED(Light Emitting Diode, 발광 다이오드)라는 부품을 사용하게 될 것이며 앞서 설명한 브레드보드라는 곳에 회로를 구성할 것이다. LED는 꼬마전구와 마찬가지로 빛을 내는 부품이기는 하지만 꼬마전구와 달리 +(이제부터 Vcc 또는 5V라는 표현을 사용하게 될 것이다), -(이제부터는 Gnd라는 표기를 사용하기로 한다)의 극성을 맞춰주어야 정상적으로 동작을 하는 약간은 까다로운 부품이다.

LED은 그림 17의 위쪽과 같이 생겼다. 회로도에 표시할 때는 그림 17의 아래와 같이 한다.

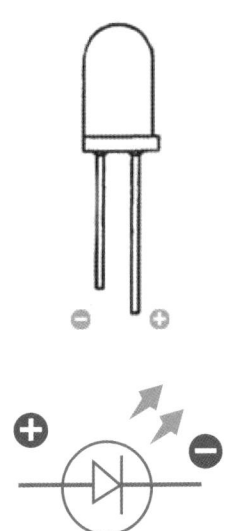

그림 17 LED의 생김새와 표기

그림 18   LED와 아두이노 보드의 연결

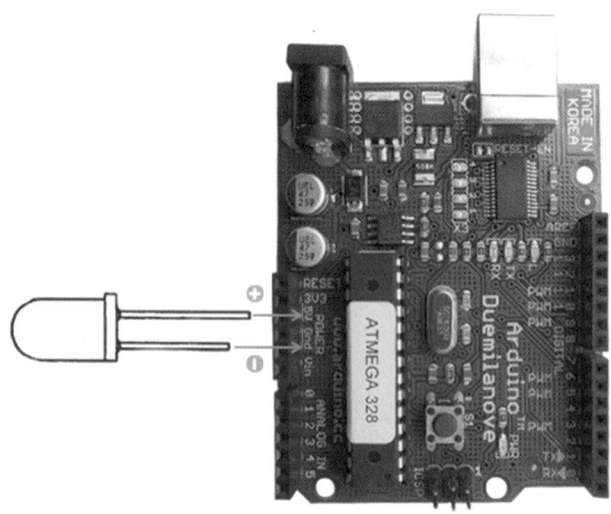

그림에서 보는 것처럼 다리가 긴 쪽에 5V 전원을 연결하여 사용한다. 그림 17의 회로도에서 화살표가 전류의 흐름을 나타내므로 화살표 왼편이 +, 화살표 오른편이 -가 된다.

그림 19   LED를 켜기 위한 회로의 구성

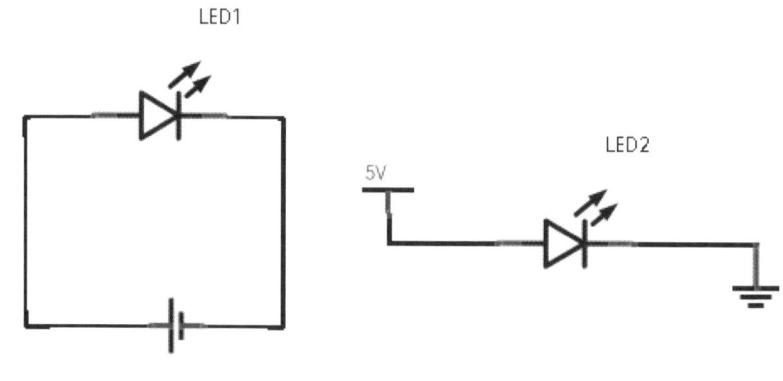

그림 20 회로의 구성과 USB 연결을 통한 전원의 공급(LED 켜짐)

LED에 불을 켜기 위해서는 그림 19와 같은 회로를 구성하면 된다. 왼쪽 회로가 초등학교 시절의 실험처럼 건전지를 연결한 그림이라면 오른쪽 그림은 이제부터 우리가 사용하게 될 5V와 Gnd로 표시한 그림이다. 이와 같이 회로를 그림으로 나타낸 것을 회로도라고 부른다. 그림 19와 같은 회로를 구성한다면 굳이 브레드보드를 사용하지 않아도 된다. 그림 20과 같이 아두이노의 5V와 Gnd에 LED의 +, - 극성만 주의해서 연결하면 LED를 켤 수 있다.

실험을 하기 전에 꼭 알아두어야 할 점이 있다. 여기서 나오는 LED와 관련된 실험들의 경우, 초보자가 회로 및 연결도를 보기 쉽도록 간략화했다. 하지만 보다 안전한 실험을 위해 실험 전에 부록 A를 참고하여 저항과 함께 LED를 연결하기를 권장한다.

그렇다면 연결을 직접 해보자! 만약 건전지라면 + 방향에 LED의 긴 쪽 다리를, 건전지의 - 방향에 LED의 짧은 다리를 연결하면 될 것이다. 그런데 우리는 지금 아두이노를 공부하고 있으므로 아두이노의 5V에 LED의 긴 다리를, 아두이노의 Gnd에 LED의 짧은 다리를 연결하면 된다(그림 18). 연결을 마쳤다면 아두이노에 USB 케이블을 연결해 보자. 아두이노 보드에 전원이 들어가면서 아두이노 보드의 5V 단자에는 5V의 전원이 아두이노의 Gnd 단자에는 0V의 전원이 공급되고 LED에 불이 들어오게 될 것이다. (만약 불이 안 들어온다면 LED가 정확하게 꼽혔는지를 확인해 보도록 하자.)

그림 21 5개의 LED 연결 회로도

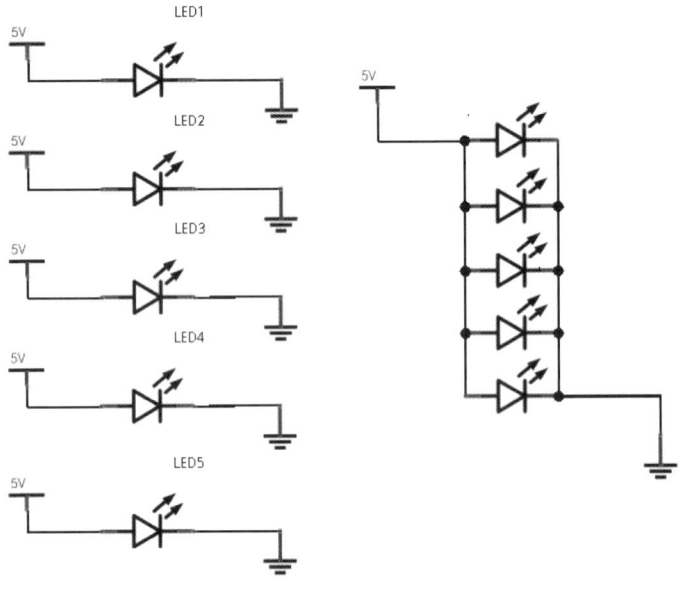

회로의 구성

그렇다면 하나의 LED가 아니라 5개 정도의 LED를 켜고 싶다면 어떻게 할까?

그림 21의 왼쪽 회로도와 같이 5개의 LED에 각각 +5V와 Gnd를 연결하여 불을 켤 수도 있다. 하지만 오른쪽 회로도처럼 하나의 +5V와 LED 5개의 +를 연결하고, 하나의 Gnd에 LED 5개의 Gnd를 연결을 하는 방법이 보다 간편할 것이다.

이렇게 하나의 +5V에서 여러 개의 소자들을 연결하고, 하나의 Gnd에서 여러 개의 소자들을 연결하기 위하여 우리는 브레드보드라는 보다 간편한 도구를 사용하는 것이다. 그림 21의 오른쪽 그림을 브레드보드로 옮기면 그림 22와 같아진다.

그림 22는 분명히 굉장히 단순화되긴 했지만 실제로 브레드보드를 사용할

그림 22 브레드보드에서의 연결

그림 23 브레드보드의 보편적 연결 방법

때 이와 같은 연결은 거의 하지 않는다. 일반적으로 Vcc(+5V)와 Gnd를 각각 브레드보드에 연결하고 소자들은 a~e 또는 f~j 에 배치한 후 브레드보드의 좌우에 있는 +, - 에서 케이블을 연결한다. 이와 같이 연결한 그림이 그림 23이다.

이렇게 연결하면 왼쪽의 Gnd는 오른쪽 Gnd로 선이 연결되어 있어서 오른쪽 -라인도 모두 Gnd가 된다. 그리고 LED의 +극은 왼편의 +라인, 즉 아두이노의 +5V로 연결되고 LED의 -극은 오른편의 -라인, 즉 아두이노의 Gnd로 연결되어 5개의 LED가 회로를 구성하게 된다. 이제 아두이노를 USB 케이블로 연결하거나 전원을 연결하면 LED 5개에 불이 들어 오는 것을 확인할 수 있다.

> **Tip**
> 여기서 사용한 회로도는 모두 Fritzing이라고 하는 무료 소프트웨어로 그려졌으며 Fritzing 소프트웨어에 대해서는 부록 B에서 소개하고 있다.

2.2 LED 1개 깜빡이기

목표
디지털 포트(Digital Port)의 의미와 사용방법을 익힌다.

하드웨어 구성
앞선 실험에서 우리는 아두이노의 전원을 이용하여 LED 5개를 한꺼번에 켜는 실험을 했다. 그렇다면 LED의 불을 깜박이는 일을 하려면 어떻게 할까?

아두이노를 이용하여 LED를 깜빡이게 하는 것은 1.3절에서 설명한 디지털의 1과 0 개념과 맞물려있다.

LED의 -극(짧은 다리)을 아두이노의 Gnd에 연결하고 LED의 +극(긴 다리)을 아두이노의 디지털 출력에 연결한 후 디지털 출력에 1이라는 신호를 보내면 디지털 출력에 +5V의 전기가 흐른다. 그러면 +5V와 Gnd가 연결된 회로가 구성되어 LED에 불이 들어온다. 만약 디지털 출력에 0이라는 신호를 보낸다면 디지털 출력은 0V, 즉 Gnd와 같은 상태가 되어 LED에는 +극에 Gnd가 연결이 되고 -극에도 Gnd가 연결이 된 회로가 구성되어 LED에 불이 꺼진다.

또는 LED의 +극(긴 다리)을 아두이노의 +5V에 연결하고 LED의 -극(짧은 다리)을 아두이노의 디지털 출력에 연결한 후 디지털 출력에 0이라는 신호를 보내면 디지털 출력은 Gnd의 상태가 되고 LED에는 +5V와 Gnd가 연결이 된 회로가 구성되어 LED에 불이 들어온다. 만약 디지털 출력에 1이라는 신호를 보낸다면 디지털 출력은 +5V가 되어 LED는 -극에 +5V가 연결이 되고 +극에도 +5V가 연결이 된 회로가 구성되어 LED에 불이 꺼진다.

여기서는 첫 번째 방법인 LED의 짧은 다리를 아두이노의 Gnd에 연결하는 방법을 사용한다. 여러분은 두 번째 방법인 LED의 긴 다리를 아두이노의 5V

그림 24 아두이노와 LED의 포트 연결

에 연결하는 방법도 실험해 보길 바란다.

아두이노의 Gnd를 LED의 짧은 다리에 연결하고 LED의 긴 다리는 아두이노의 DIGITAL 8번 포트(케이블을 연결하는 단자를 포트라고 한다)에 연결을 한다(그림 24 참고). 아두이노에는 0번부터 13번까지 14개의 포트가 있으므로 어떤 포트를 쓸 것인지는 여러분이 선택하면 된다. 다만, 이번 실험에서는 연결선이 잘 보이게 하기 위하여 8번 포트를 사용하였다.

이 회로를 회로도로 나타낸 것이 회로도 1이다. 회로도는 처음에는 조금 복잡해 보일 수 있지만 익숙해지고 나면 회로를 이해하는데 많은 도움이 된다.

회로도 1 아두이노와 LED의 포트 연결 회로도

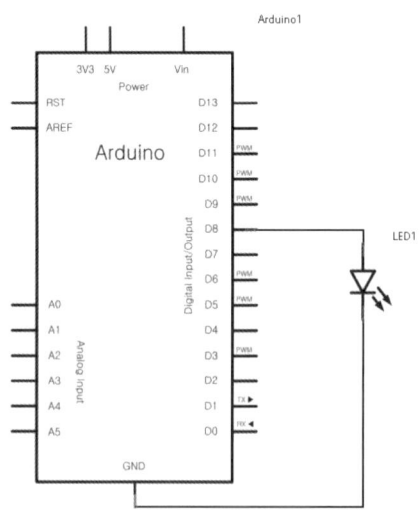

아두이노 프로그래밍

이제 8번 포트에 1과 0이라는 신호를 보내서 LED를 깜박이는 일을 반복하는 일이 남았다. 이와 같은 일을 '아두이노를 프로그래밍한다.' 라고 이야기하며 1.4절에서 설명한 아두이노 소프트웨어를 사용하여 아두이노를 프로그래밍하

게 된다.

그럼 아두이노 소프트웨어를 실행시키고 다음과 같이 입력을 하자.

그림 25 LED 깜빡이기 코드를 입력한 화면

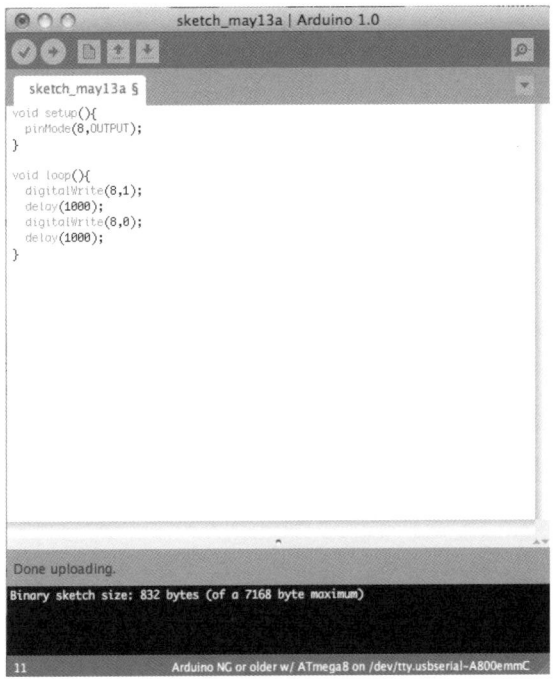

입력을 마쳤다면 화면 좌측 상단의 ⊘ 버튼을 눌러서 컴파일하고 ⊙ 버튼을 눌러서 아두이노 보드로 컴파일된 프로그램을 다운로드한다. (아두이노가 연결되어 있지 않다면 컴퓨터와 아두이노 보드를 연결하여야 한다.)

Tip

컴파일(Compile) : 우리가 입력한 메시지를 아두이노가 이해할 수 있는 언어로 번역하는 일을 컴파일이라고 한다.

2장 **아두이노와 친해지기** 31

그림 26 아두이노 설정화면

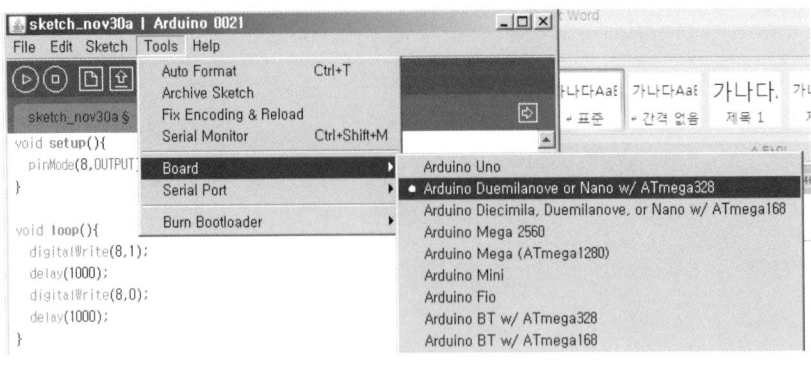

아두이노의 입장에서는 다운로드이고 컴퓨터의 입장에서는 업로드가 된다. 만약 다운로드가 제대로 되지 않는다면 설정에 실수가 있을 수도 있다. 그림 26 같이 본인이 사용하는 아두이노로 설정이 되어 있는지, 그림 27과 같이 보드의 Serial Port 설정은 잘 되어 있는지 확인해 보기 바란다.(Serial Port의 설정은 여러분의 컴퓨터 환경에 따라 다르기 때문에 Serial Port 메뉴에 표시된 Serial Port를 하나씩 확인하면서 알맞은 포트를 찾고 설정할 수 있을 것이다.)

이제 다운로드까지 완료되면 브레드보드에 연결된 LED가 1초 동안 켜져 있다가 1초 동안 꺼져있는 동작을 반복하게 된다. 아두이노를 이용한 첫 번째 제어인 것이다.

그럼 이제 우리가 무작정 따라서 입력했던 내용(이것을 코드라고 이야기한다)을 하나씩 살펴보면서 이해해 보자.

아두이노의 코드는 크게 두 개의 부분으로 나뉘어진다. 하나는 setup이라고 하는 부분으로 아두이노의 각 포트를 어떻게 사용할 것인지에 대한 설정을 하는 부분이다. 또 하나는 loop라고 하는 부분으로 아두이노가 반복적으로 하는

그림 27 시리얼포트(Serial Port)의 설정

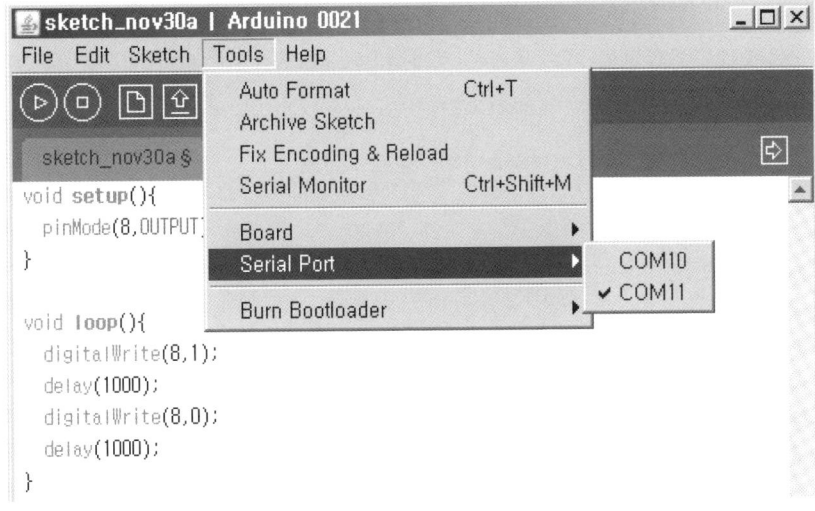

일을 적어놓는 부분이다.

이렇게 큰 두 부분을 함수(Function, 펑션) 또는 루틴이라고 이야기하며(이 책에서는 함수로 통일하여 사용하도록 하겠다) 다음과 같이 구성된다.

```
void setup() {
     아두이노의 설정 내용들……
}

void loop(){
     아두이노의 실행 내용들……
}
```

위와 같이 중괄호({}) 사이에 설정 내용이나 실행 내용을 집어 넣으면 된다.

위의 예제에서 void setup(){…} 내용에는 8번째 포트(Port)를 출력(OUTPUT)으로 사용하겠다는 설정을 하였다.

```
void setup(){
        pinMode(8,OUTPUT);
}
```

이때 대문자와 소문자는 구분해야 하며 pinMode(8,OUTPUT)이라는 명령을 마친 후에는 세미콜론(;)으로 설정이나 명령이 끝났음을 명시해야 한다.

위와 같은 코드의 입력으로 8번째 포트는 1 또는 0이라는 신호를 출력하는 데 사용할 것이라고 설정한다.

이제 loop라는 함수를 살펴보도록 하자.

`digitalWrite(8,1);`

8번째 포트에 1이라는 신호를 출력하라는 명령이며 명령을 마친 뒤에는 역시 세미콜론(;)으로 명령을 마무리하였다. 여기에서 8번째 포트로 1이라는 신호(5V)를 출력하므로 LED에는 불이 들어온다.

`delay(1000);`

1000ms(1000밀리초=1초)동안 그 상태를 유지시키는 명령으로 불이 켜진 상태로 1초 동안 유지된다. 역시 명령을 마친 뒤에는 세미콜론(;)으로 명령을 마무리했다.

다시 digitalWrite(8,0);이라는 명령을 이용하여 8번째 포트에 0이라는 신호를 내보내고 이로써 LED는 불이 꺼지게 된다. 그리고 역시 delay(1000);이라는 명령을 통하여 LED의 불이 꺼진 상태를 1초 동안 유지하게 된다.

중괄호(})로 함수가 마무리되면 다시 중괄호({) 시작 지점으로 돌아가 동작을 되풀이 하게 된다. 따라서 이 코드를 통하여 LED가 1초 동안 켜졌다 1초 동안 꺼지는, 깜빡거리는 동작을 반복하게 되는 것이다. 이처럼 중괄호로 묶여 있는 명령들이 반복적으로 실행이 되기 때문에 loop라는 이름을 붙인 듯하다.

File→Save를 선택하거나 버튼을 눌러서 입력한 코드를 저장하고 나중

그림 28 파일 저장

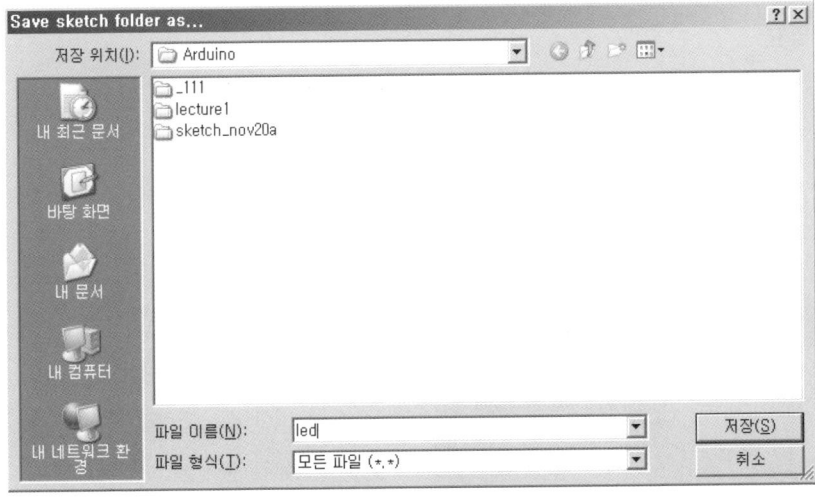

에 이 코드를 다시 불러와서 수정하는 등의 일을 할 수 있다. 그림 28과 같이 여러분이 원하는 위치에 'led' 라는 이름으로 저장을 하도록 하자.

실습 과제 1
LED가 빠르게 깜빡이도록 코드를 수정하고 컴파일과 다운로드를 하여 테스트해 보자.

실습 과제 2
LED가 느리게 깜빡이도록 코드를 수정하고 컴파일과 다운로드를 하여 테스트해 보자.

2.3 LED 8개 깜빡이기

목표

여러 개의 디지털 포트를 제어하는 방법을 배운다. 8개의 LED를 켜고 끄는 실험을 통해 디지털 볼륨 미터(Digital Volume Meter)의 작동원리를 배운다.

그림 29 LED의 연결

하드웨어 구성

8개의 LED를 간결하게 연결하기 위하여 그림 29처럼 LED의 +극(긴 다리)은 브레드보드의 e자리에 그리고 LED의 -극(짧은 다리)은 브레드보드의 f자리에 연결하자.

8개의 LED를 그림 30과 같이 연속

그림 30 LED의 Gnd 연결

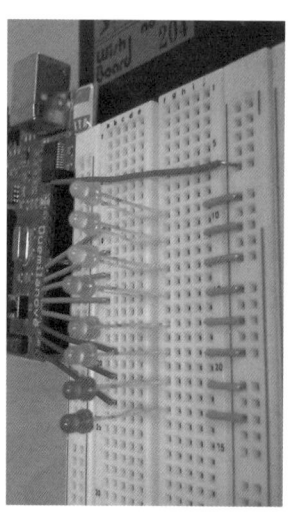

그림 31 LED와 아두이노 포트 연결

회로도 2 아두이노로 8개의 LED 깜박이기

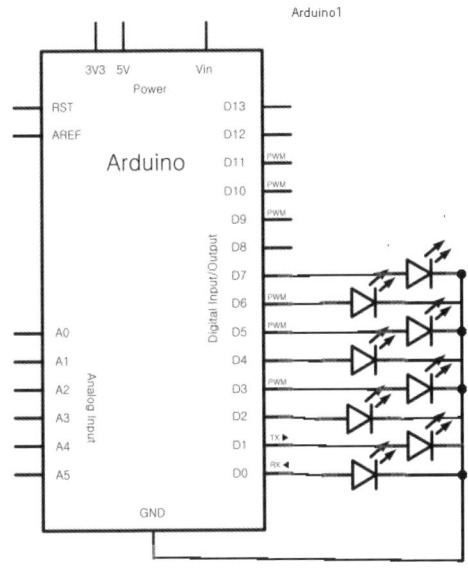

적으로 연결하고 짧은 다리 쪽을 전선(와이어)을 이용하여 브레드보드의 파란색 라인으로 연결한다. 그리고 아두이노의 Gnd를 파란색 라인으로 연결하면 LED 8개의 -극은 모두 아두이노의 Gnd로 연결이 된다. 마지막으로 LED의 긴 다리를 아두이노의 Digital 0~7번 포트에 연결하면(그림 31 참고) 실험을 위한 하드웨어는 완성되었다(회로도 2).

아두이노 프로그래밍

1. setup 함수의 작성

setup에서는 pinMode 명령을 이용하여 아두이노의 포트 0부터 포트 7을 모두 출력(OUTPUT)으로 사용하겠다는 지정을 하도록 한다.

```
void setup(){
```

```
    pinMode(7,OUTPUT);
    pinMode(6,OUTPUT);
    pinMode(5,OUTPUT);
    pinMode(4,OUTPUT);
    pinMode(3,OUTPUT);
    pinMode(2,OUTPUT);
    pinMode(1,OUTPUT);
    pinMode(0,OUTPUT);
  }
```

2. loop 함수의 작성

loop 함수에서는 digitalWrite 명령을 이용하여 7번 포트부터 순차적으로 켜졌다 꺼지는 동작을 수행하게 한다. 7번 포트에 1을 출력하여 7번 포트와 연결된 LED가 켜지게 한 후 400ms(밀리초, 0.4초에 해당한다) 동안 이 상태를 유지시키고 다음에는 7번 포트에 0을 출력하여 7번 포트와 연결된 LED를 끈 후 6번 포트에 1을 출력하여 6번 포트와 연결된 LED를 컨다. 이와 같은 동작을 1번 포트의 LED를 켜고 끄는 동작까지 수행하게끔 프로그램을 짜면 된다. 그 코드는 다음과 같다.

```
  void loop(){
    digitalWrite(7,1);
    delay(400);
    digitalWrite(7,0);
    digitalWrite(6,1);
    delay(400);
    digitalWrite(6,0);
    digitalWrite(5,1);
    delay(400);
    digitalWrite(5,0);
    digitalWrite(4,1);
    delay(400);
    digitalWrite(4,0);
    digitalWrite(3,1);
    delay(400);
    digitalWrite(3,0);
    digitalWrite(2,1);
    delay(400);
    digitalWrite(2,0);
    digitalWrite(1,1);
    delay(400);
```

```
    digitalWrite(1,0);
    digitalWrite(0,1);
    delay(400);
    digitalWrite(0,0);
}
```

만약 위의 코드가 너무 길어서 보기가 쉽지 않다면 다음과 같이 같은 시간에 수행해야 하는 일을 한 줄에 쓰고 각 명령 사이를 세미콜론(;)으로 구분해도 된다.

```
    digitalWrite(7,1);   delay(400);
    digitalWrite(7,0);   digitalWrite(6,1);   delay(400);
    digitalWrite(6,0);   digitalWrite(5,1);   delay(400);
    digitalWrite(5,0);   digitalWrite(4,1);   delay(400);
    digitalWrite(4,0);   digitalWrite(3,1);   delay(400);
    digitalWrite(3,0);   digitalWrite(2,1);   delay(400);
    digitalWrite(2,0);   digitalWrite(1,1);   delay(400);
    digitalWrite(1,0);   digitalWrite(0,1);   delay(400);
    digitalWrite(0,0);
```

이제 ✓ 버튼을 눌러서 컴파일하고 ▶ 버튼을 눌러서 아두이노 보드로 컴파일된 프로그램을 다운로드한 후 우리의 예상대로 동작하는지를 확인해 보도록 하자.

경우에 따라서 그림 32와 같은 에러 메시지가 나오면서 다운로드가 안될

그림 32 에러 메시지

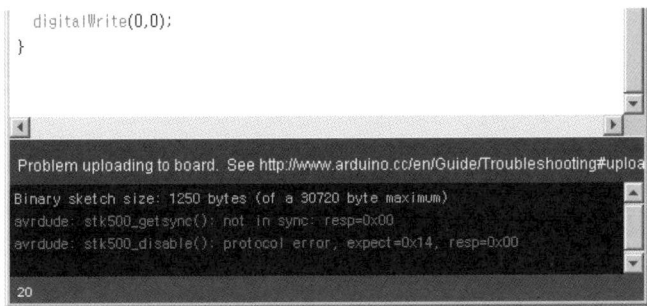

수 있는데 이것은 아두이노와 컴퓨터 간에 정보를 주고 받는 포트인 0번 포트를 사용함으로써 생기는 일이므로 0번 포트와 연결된 전선(와이어)을 잠시 빼고 다운로드를 완료한 후 다시 연결하면 된다.

> **Tip**
>
> 그럼 이번에는 LED가 점멸하는 시간을 좀 더 빠르게 코드를 수정해 보자. loop(){}에서 delay(400); 명령의 400을 좀더 작은 값으로 수정하면 될 것이다. 그런데 8개의 값을 모두 수정하려고 하니 이것도 조금은 불편한 일인 듯하다. 그래서 변수라는 것을 지정하여 사용하는 방법에 대해서 다루어 보도록 하겠다. void setup(){…} 함수 안에 int time=100;이라는 명령줄을 추가한다. 이제 time이라는 변수가 지정되었고 그 값은 100이 되었다. 이제 loop 함수의 delay(400);이라는 명령을 모두 delay(time);이라고 수정하자. 수정한 후의 코드는 코드 01과 같다. 이 코드를 컴파일하고 다운로드하면 빠른 속도로 8개의 LED가 점멸하는 것을 볼 수 있다. 이제는 점멸하는 속도를 time이라는 변수의 값만을 수정함으로써 간편하게 조절할 수 있게 된다. (하지만 만약 이런 개념이 어렵다면 앞선 방법을 사용해도 큰 지장은 없다. 조금 귀찮을지는 몰라도 우리가 원하는 인터랙티브 뮤직을 구현하는데 전혀 불편함은 없을 것이다. 앞으로도 보다 편한 프로그래밍을 위한 Tip을 소개하긴 하겠지만 Tip은 그저 Tip일 뿐이라고 생각하기 바란다.)

코드 01 변수를 이용한 프로그래밍

```
int time=100;

void setup(){
  pinMode(7,OUTPUT);   pinMode(6,OUTPUT);   pinMode(5,OUTPUT);
  pinMode(4,OUTPUT);
  pinMode(3,OUTPUT);   pinMode(2,OUTPUT);   pinMode(1,OUTPUT);
  pinMode(0,OUTPUT);
}

void loop(){
  digitalWrite(7,1);   delay(time);
  digitalWrite(7,0);   digitalWrite(6,1);   delay(time);
  digitalWrite(6,0);   digitalWrite(5,1);   delay(time);
  digitalWrite(5,0);   digitalWrite(4,1);   delay(time);
  digitalWrite(4,0);   digitalWrite(3,1);   delay(time);
  digitalWrite(3,0);   digitalWrite(2,1);   delay(time);
  digitalWrite(2,0);   digitalWrite(1,1);   delay(time);
  digitalWrite(1,0);   digitalWrite(0,1);   delay(time);
  digitalWrite(0,0);
}
```

실습 과제 3
8개의 LED가 왼쪽에서 오른쪽으로 점멸한 후 오른쪽에서 왼쪽 방향으로 점멸을 반복하는 프로그램을 만들어 실행해 보자.

실습 과제 4
1, 3, 5, 7번째 LED가 켜지고 1초 후에 꺼지면서 2, 4, 6, 8번째 LED가 켜지고, 1초 후 다시 1, 3, 5, 6번째 LED가 켜지는 동작을 반복하는 프로그램을 만들어 실행해 보자.

2.4 스위치로 LED 켜고 끄기 (반대로 동작하는 스위치)

목표
스위치를 통한 디지털 입력방법을 배운다.

하드웨어 구성
스위치 부품의 이해
이번 실험에서는 스위치를 통하여 신호를 입력 받는 방법과 그 신호를 이용하여 LED를 켜고 끄는 방법에 대하여 공부할 것이다. 신디사이저의 서스테인(Sustain) 페달을 밟는 것이 바로 지금 우리가 공부하게 될 스위치와 같은 동작에 해당이 된다.

스위치는 초인종과 같이 누르고 있는 동안 전류가 흐르고, 떼면 전류가 흐르지 않는 푸시 스위치(Push Switch)와 조명등의 스위치처럼 한 번 누르면 전류가 흐르는 상태가 되고 또 한 번 누르면 전류가 흐르지 않는 상태가 되는 토글 스위치(Toggle Switch)가 있다. 실험에 사용할 스위치는 작은 크기의 푸시

그림 33 스위치의 표기방법

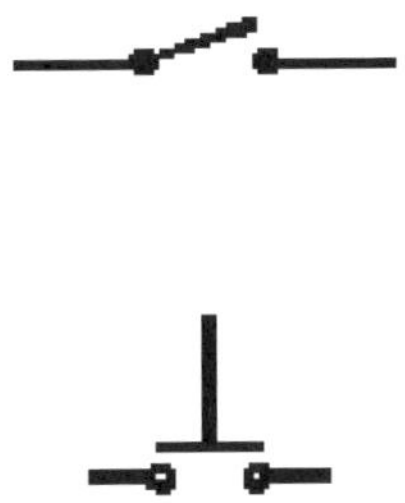

그림 34 다양한 스위치의 생김새 (왼쪽부터 택트 스위치, 푸시 스위치, 토글 스위치)

그림 35 잘못된 스위치의 연결

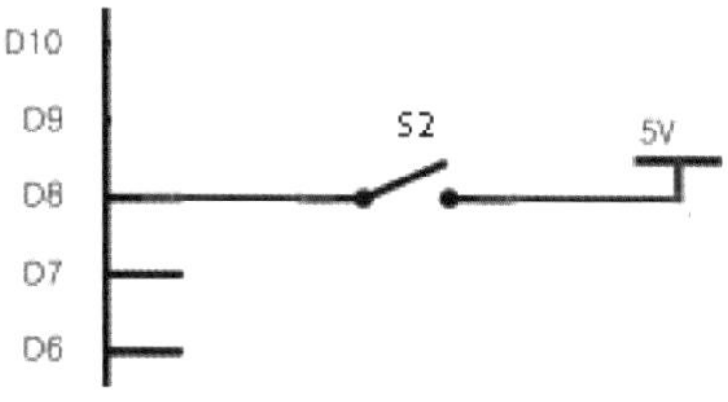

스위치인 택트(Tact) 스위치이다.

스위치는 그림 33과 같이 표기하며 생김새는 그림 34와 같다.

그럼 스위치를 이용하여 어떻게 아두이노에게 신호를 전달할 수 있을까? 어쩌면 '그림 35와 같이 연결하여 스위치가 연결된 포트의 값을 읽어오면 되지 않을까?'라고 단순하게 생각할 수도 있겠다. 하지만 이렇게 연결했을 경우, 스위치를 눌렀을 때는 확실하게 5V라는 신호가 포트로 입력되겠지만 스위치를 뗀 경우는 그 신호를 정의할 수가 없게 된다. (디지털이라는 것이 0과 1이라는 신호만을 사용하다 보니 정확하게 1이거나 0인 상태를 정의해야 안정된 동작을 기대할 수 있게 된다. 따라서 그림 35와 같은 경우라면 스위치를 뗀 경우 0인지 1인지 모르는 상태가 되며 불안정한 상태가 되고 만다.)

그렇다면 정확하게 전류가 흐르는 상태(1)와 흐르지 않는 상태(0)를 입력 받으려면 어떻게 하면 될까? 이 이야기를 하기 전에 잠깐 쉬어가는 이야기를 하고자 한다.

Note 쉬어가는 이야기

여러분이 어느 길을 걷고 있다고 상상해 보자. (목적지가 있는 것이 아니라 그냥 편하게 길을 걷고 있는 상황이다.) 그런데 길의 중간에 그림 36과 같은 갈림길이 있다면 여러분은 두 가지 상황에서 어떤 길을 선택할 것인가?

그림 36 한쪽은 막혀있고 한쪽은 돌밭인 경우와 막혀있던 길에 편한 다리가 놓여진 경우.

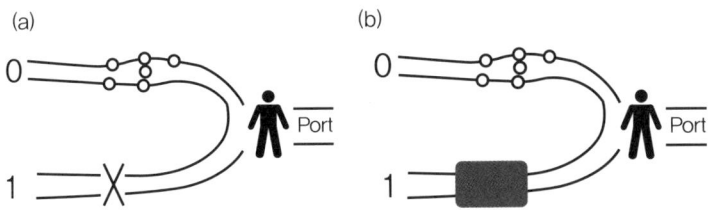

위의 그림에서 여러분은 전류의 흐름이고 돌밭은 흐름을 방해하는 저항에 해당한다. 그리고 편한 다리는 스위치에 해당한다. (a)는 한쪽 길이 막혀 있으므로 가기 불편하지만 저항이 있는 돌밭길로 갈 수밖에 없으며 0이라는 목적지에 도착하게 될 것이다. 하지만 막혀있던 길에 편한 다리가 놓이게 된다면 여러분은 편한 길을 따라서 1이라는 목적지에 도착하게 될 것이다. (단, 편한 길을 놔두고 모험을 즐기는 사람들은 열외시키도록 한다.)

그림 37 포트에 스위치를 연결하는 방법

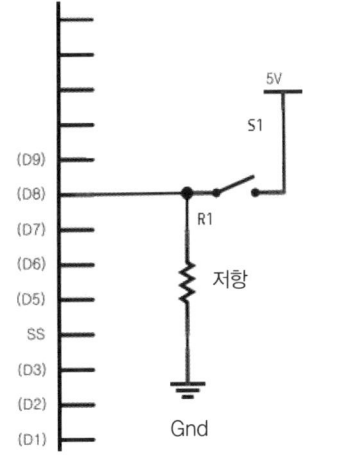

바로 이것이 디지털의 세계에서 스위치를 통하여 포트에 신호를 입력하는 방법이다. 위의 그림을 약간 기술적으로 정돈하면 그림 37과 같이 된다.

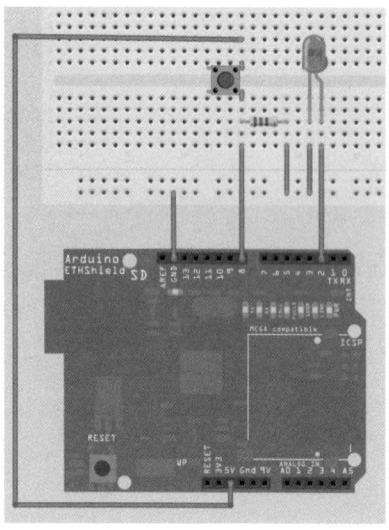

그림 38 하드웨어 구성

저항이라는 부품의 표시는 위에서 설명한 것처럼 구불구불하여 전류가 흐르기 힘들어 보인다. 이렇게 연결을 하면 스위치를 누르지 않았을 때는 Gnd와 연결이 되어 포트에는 0이라는 신호가 입력이 되고, 스위치를 눌렀을 때는 5V와 연결이 되어 포트에는 1이라는 신호가 입력이 된다.

그럼 지금까지 공부한 내용을 토대로 하여 스위치를 눌렀을 때 LED의 불이 꺼지고 스위치를 뗐을 때 LED의 불이 켜지는 실험을 해 보도록 하자. 초등학교 과학시간에 했던 실험과는 반대되는 실험으로 아두이노가 없다면 이런 동작을 하게 하는 일은 결코 쉬운 일이 아닐 것이다.

이제 그림 38과 같이 하드웨어를 구성해 보자(회로도 3). 그림 38이 잘 이해가 안 된다면 그림 37과 비교하면서 케이블의 연결을 천천히 살펴보면 충분히 이해할 수 있으리라 생각한다. 저항은 스타터 키트에 포함된 저항 중에서 270Ω(ohm, 옴이라고 읽는다) 정도를 사용하면 된다.

Tip

스타터 키트에는 각 저항마다 값을 숫자로 적어 놓았으므로 270이라고 쓰여있는 저항을 찾아 사용하면 된다. 스타터 키트를 사용하지 않는 경우, 270Ω의 저항은 빨간색, 보라색, 갈색, 은색(또는 금색)의 순서로 색띠를 두르고 있는데 이 색띠의 순서가 저항 값을 나타낸다.

회로도 3 스위치 연결 회로도

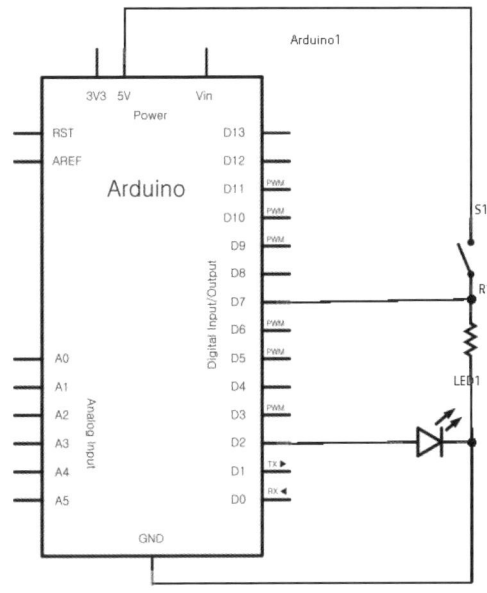

그림 39 2접점 스위치의 연결 방법(올바른 연결과 잘못된 연결)

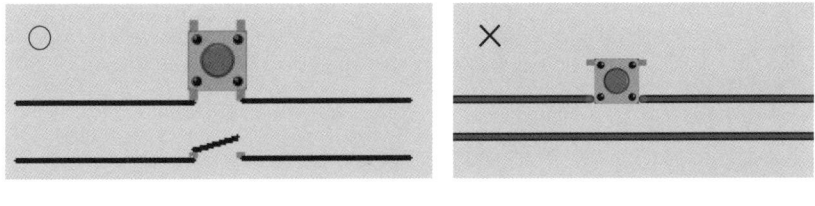

    스타터 키트에 있는 스위치는 그림 39와 같이 모두 4개의 다리를 가지고 있으며 2개씩이 내부적으로 연결되어 있다. 따라서 내부적으로 연결되어 있는 2개의 다리를 연결하면 스위치로써의 역할을 하지 못한다. 이에 연결할 때 약간의 주의가 필요한데 그림 39에 제대로 연결된 그림과 잘못 연결된 그림을 비교해 놓았으니 참고하기 바란다.

아두이노 프로그래밍

이제 하드웨어 구성은 마쳤고 이 하드웨어를 이용하여 아두이노가 어떻게 동작하게 만들 것인지를 고민해 보도록 하자.

스위치가 눌렸는지 아닌지를 판단하기 위하여 새로운 명령어를 하나 더 배워보자.

```
if(비교문) { A명령어; } else { B명령어; }
```

위의 구문은 if문의 형식이다. 이것을 우리가 이해할 수 있는 표현으로 바꾸면 '만약 (비교문)이 참이라면 A명령어를 수행하고 그렇지 않다면 B명령어를 수행하라' 정도로 해석할 수 있겠다.

이 구문은 우리가 구현하고자 하는 예제에서는 다음과 같이 사용된다.

```
if (digitalRead(8)==1) {digitalWrite(2,0);}
  else {digitalWrite(2,1);}
```

해석하자면 '만약 8번 포트에서 읽은 값이 1이라면 2번 포트로 0을 출력하고, 1이 아니라면 2번 포트로 1을 출력하라' 와 같다.

> **Tip**
>
> **= 와 ==의 차이**
>
> 앞절의 예제에서 int time=100; 이라는 명령어를 사용했었는데 이번 예제에서는 digitalRead(8)==1이라는 비교문이 사용되었다. 프로그래밍을 할 때 =는 대입문, 즉 왼편에 오른편의 값을 대입하라는 뜻이다. 그리고 ==는 비교연산자, 즉 '왼편과 오른편의 값이 같다' 라는 뜻이다.
> 예1 : int time = 100; 'time이라는 변수에 100이라는 값을 대입하라' 는 명령
> 예2 : if(digitalRead(8)==1) '8번째 디지털입력이 1이라는 값과 같다면~' 이라는 비교문

그럼 전체의 코드를 살펴보자.

코드 02 반대로 동작하는 스위치 프로그래밍

```
void setup(){
  pinMode(2, OUTPUT);
  pinMode(8, INPUT);
}

void loop(){
  if(digitalRead(8)==1) {digitalWrite(2,0);}
  else digitalWrite(2,1);
}
```

void setup() 함수에서는 2번 핀을 출력 핀으로(pinMode(2,OUTPUT);), 8번 핀을 입력 핀으로(pinMode(8,INPUT);) 설정하였다. 그리고 void loop() 함수에서는 앞서 설명한 것처럼 스위치가 눌렸을 때는 2번 포트로 0을 출력하여 LED의 불을 끄고 스위치가 눌려져 있지 않은 경우에는 2번 포트로 1을 출력하여 LED의 불을 켜는 청개구리 LED를 만들었다.

이제 코딩이 끝났다면 컴파일과 다운로드를 한 후 아두이노가 정상적으로 동작하는지 확인하자.

실습 과제 5
스위치를 누르면 LED가 켜지고 스위치에서 손을 떼면 LED가 꺼지는 정상적인 LED를 구현해 보자.

2.5 카운터 만들기

이번에는 2.3절에서 실험한 8개의 LED와 스위치를 함께 연결하여 카운터를 만들어 보도록 하겠다. 카운터는 스위치를 누를 때마다 LED가 한 칸씩 옆으로 이동하며 켜지므로 내가 스위치를 몇 번 눌렀는지 확인할 수 있는 시스템을 의미한다.

목표

이번 실험을 통하여 디지털 입력으로 받은 정보를 가공하여 다양한 방법으로 출력하는 프로세싱의 개념을 익히게 된다.

하드웨어 구성

하드웨어는 앞서 만들었던 8개의 LED를 포트 0번부터 7번까지 연결하는 예제와 포트 8번에 스위치를 연결하는 예제를 함께 구현한 그림 40과 같다(회로도 4).

그림 40 카운터와 룰렛 구현을 위한 하드웨어 구성

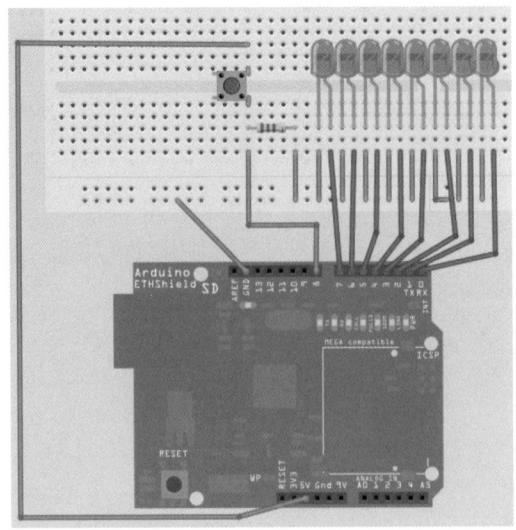

회로도 4 카운터 만들기

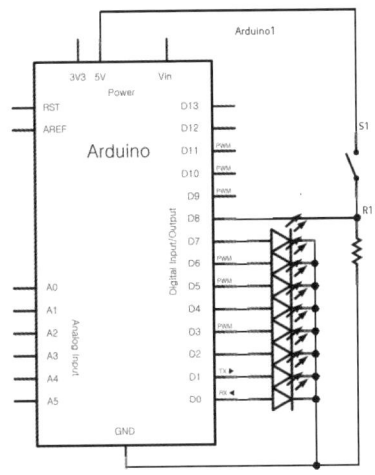

아두이노 프로그래밍

우선 9개의 핀에 대한 핀 설정(pinMode명령)을 한다. 이중 포트 0~7은 LED를 제어하는데 사용할 것이고 포트 8은 스위치를 통한 입력으로 사용할 것이다. 지금까지 우리가 사용한 방법대로라면 다음과 같이 setup 함수를 만들게 될 것이다.

```
void setup(){
        pinMode(0,OUTPUT);
        pinMode(1,OUTPUT);
        pinMode(2,OUTPUT);
        pinMode(3,OUTPUT);
        pinMode(4,OUTPUT);
        pinMode(5,OUTPUT);
        pinMode(6,OUTPUT);
        pinMode(7,OUTPUT);
        pinMode(8,INPUT);
        }
```

하지만 같은 명령을 계속 입력하는 일이 조금 귀찮은 일이기도 하다. 그래서 여기서 하나의 명령을 더 익혀보도록 하겠다. 바로 연속적인 명령을 수행하는 반복명령문으로 for문이라고 하고 형식은 다음과 같다.

```
for(변수=초기 값; 조건; 변수의 변화 값) {
반복 수행할 명령;
}

예: for(int i=0; i<8 ; i++) {
        pinMode(i,OUTPUT);
    }
```

for문의 형식은 변수의 초기 값을 설정하고 조건을 비교하여 조건을 만족하면 중괄호({ }) 안의 명령을 수행하고 변수의 값에 변화를 준다.

예제를 보면 i라는 변수에 0이라는 초기 값을 지정하고 i라는 변수가 8보다 작은 값이라면 중괄호({ }) 안의 명령을 수행하게 된다. 중괄호 안의 내용은 pinMode(i,OUTPUT); 으로 i번째 포트를 출력(OUTPUT)으로 하겠다는 설정을 한다. 그리고 변수의 변화 값인 i++, 즉 i 값을 1만큼 증가시킨다. 그리고 for문으로 돌아가 i가 8보다 큰지 비교하게 되는데 현재의 i 값은 1이므로 i<8 이라는 조건을 만족한다. 그러면 중괄호 안의 명령을 반복하여 수행하는데 이번에는 1번 포트를 OUTPUT으로 설정하게 될 것이다. 이렇게 반복을 통하여 0번부터 7번 포트까지를 OUTPUT으로 설정하고 i가 8이 되면 for 반복을 멈추고 다음 줄의 명령을 수행하게 된다. 따라서 for문을 사용하여 setup 함수를 수정하면 다음과 같이 단순화시킬 수 있다.

```
void setup(){
  for(int p=0;p<8;p++){
      pinMode(p,OUTPUT);
      }
  pinMode(8,INPUT);
}
```

앞서 사용했던 setup 함수와 비교하면 아주 단순해진 것을 확인할 수 있다. 이렇듯 for문은 반복적인 동작을 단순화시킬 수 있어 코드를 많이 줄일 수 있는 이점이 있다.

이제 for 문을 이용하여 카운터 구현을 위한 loop 함수를 구성해 보자.

코드 03 카운터 프로그래밍

```
int sw1=0;

void setup(){
  for(int p=0;p<8;p++){
     pinMode(p,OUTPUT);
     }
  pinMode(8,INPUT);
}

void loop(){
  if(digitalRead(8)==1){
    sw1=sw1+1;
    if(sw1>7){sw1=0;}
    delay(250);
    }
  else{sw1=sw1;}
  for(int i=0; i<8; i++){
    if(i==sw1) {digitalWrite(i,1); }
    else { digitalWrite(i,0); }
    }
}
```

우선 프로그램의 처음에 sw1이라는 변수를 사용할 것이며 그 초기 값은 0이라고 설정을 해주었고 다음 setup 함수에서는 LED를 연결한 8개의 포트 및 스위치를 연결한 1개의 포트에 대한 설정을 해주었다.

loop 함수에서는 스위치를 연결한 8번 포트의 값을 읽어서 스위치가 눌렸다면(if(digitalRead(8)==1){…}) sw1이라는 변수 값을 1을 증가시키고 (sw1=sw1+1;) 만약 증가시킨 sw1 값이 7보다 크다면 sw1의 값을 다시 0으로 초기화한다. 그리고 0.25초(250ms)만큼 시간을 지연시킨다(delay(250);). 여기서 시간을 지연시키는 이유는 아두이노가 굉장히 빠르게 동작하기 때문에 스위치를 아주 잠깐 눌렀다고 하더라도 이미 다음 명령을 수행하기 때문이다. 아두이노가 나를 기다려줄 시간을 주는 것이다.

만약 스위치를 누르지 않았다면(else), sw1에는 그대로 sw1의 값을 유지시킨다(sw1=sw1;).

다음에 등장하는 for문에서 8개의 LED 중 어떤 LED를 켤 것인지를 정해준다. 위의 if 문에서 스위치를 누른 회수가 sw1이라는 변수에 저장되어 있으므로 한 번도 누르지 않았다면 0번 포트와 연결된 LED가 켜지고 1번 눌렀다면 1번 포트와 연결된 LED가, 2번 눌렀다면 2번 포트와 연결된 LED가 켜지는 동작을 한다.

```
for(int i=0; i<8 ; i++){
   if(i==sw1){digitalWrite(i,1);} else{digitalWrite(i,0);}
}
```

위와 같은 for 문의 실행 순서는 다음과 같다.

```
int i=0;
```
i 에 초기 값 0을 대입한다.

```
if(i==sw1){digitalWrite(i,1);} else{digitalWrite(i,0);}
```
sw1의 값이 0이라면 0번 포트로 1을 출력하고 sw1의 값이 0이 아니라면 0번 포트로 0을 출력한다.

```
int i=1;
```
i++를 통해서 i가 1만큼 증가.

```
if(i==sw1){digitalWrite(i,1);} else{digitalWrite(i,0);}
```
sw1의 값이 1이라면 1번 포트로 1을 출력하고 sw1의 값이 1이 아니라면 1번 포트로 0을 출력한다.

```
int i=2;
```
i++를 통해서 i가 1만큼 증가.

```
if(i==sw1){digitalWrite(i,1);} else{digitalWrite(i,0);}
```
sw1의 값이 2라면 2번 포트로 1을 출력하고 sw1의 값이 2가 아니라면 2번 포트로 0을 출력한다.

...(중략)...

　　int i=7;

i++를 통해서 i가 1만큼 증가.

　　if(i==sw1){digitalWrite(i,1);} else{digitalWrite(i,0);}

sw1의 값이 7이라면 7번 포트로 1을 출력하고 sw1의 값이 7이 아니라면 7번 포트로 0을 출력한다.

　　int i=8;

i++를 통해서 i가 1만큼 증가

i<8라는 조건과 맞지 않으므로 for문을 종료한다.

for문을 살펴보면 i는 0부터 7까지 증가하면서 중괄호 안의 명령을 수행하게 되며 i가 sw1과 같은 값인 경우의 포트는 LED가 켜지고 그렇지 않은 포트는 꺼지게 되는 방식이다.

이제 컴파일과 다운로드를 하고 스위치를 눌러서 LED가 한 칸씩 옆으로 움직이면서 켜지는 것을 확인해 보자. (0번 포트에 케이블이 연결되어 있을 때는 다운로드 시에 그림 32와 같은 에러가 발생할 수 있으니 다운로드할 때 잠깐 전선을 빼고 다운로드를 끝마친 후에 0번 포트를 다시 연결하도록 하자.)

실습 과제 6
스위치를 누른 횟수에 해당하는 LED가 꺼지는 카운터를 구현해 보자.

실습 과제 7
delay(250);의 250이라는 값을 바꿔가며 스위치의 민감도를 확인해 보도록 하자.

2.6 룰렛 만들기

룰렛은 스위치를 누르고 있는 동안 8개의 LED가 순차적으로 켜지고 꺼지다가 스위치를 떼면 하나의 LED에서 멈추는 동작을 수행하게 된다. (이 실험을 이용하면 8명이 번호를 하나씩 정하여 복불복 게임을 즐길 수도 있다.)

목표
프로세싱에 대한 다양한 연구와 고민을 해보는 시간을 갖는다.

하드웨어 구성
하드웨어는 앞서 만들었던 카운터의 하드웨어를 그대로 사용하며 프로그래밍만 수정하여 구현할 것이다. 이 하드웨어는 이외에도 여러분이 여러 가지 재미있는 아이디어를 활용해서 다양한 실험을 시도할 수 있다.

아두이노 프로그래밍
앞서 만들었던 프로그램에서 delay(250);의 값을 10(0.01초의 지연) 정도로 수정하고 테스트 해보자. 스위치를 누르고 있는 동안 엄청나게 빠르게 LED가 깜빡거리다가 스위치에서 손을 떼는 순간 어느 한 LED에서 멈추게 될 것이다.

이와 같이 스위치와 LED만을 이용하여 충분히 재미있는 놀이를 즐길 수 있으며 그 즐거움은 여러분의 아이디어를 통하여 보다 큰 재밋거리로 바뀔 수 있을 것이다.

3장

Arduino for Interactive Music

인터랙티브 뮤직을 위한 준비

3.1 가변저항으로 LED 켜고 끄기

인터랙티브 뮤직은 우리 주변에서 일어나는 현상들을 재료로 음악을 변화시키고 소리를 변형시킨다. 그런데 우리 주변에서 일어나는 일들은 모두 아날로그적인 변화에 해당된다. 따라서 우리가 인터랙티브 뮤직을 구현하려면 아날로그적인 신호들을 인식하고 그것을 수치화하여 음악이나 음향을 변화시키는 값으로 가공하는 기술이 필요하다. 그래서 이번에는 아날로그 신호를 읽어 들이고, 읽어 들인 값을 가공하고 의미를 부여하는 일을 해 보고자 한다.

목표
아날로그 신호를 입력 받아 디지털화하는 방법을 배우고 디지털화된 데이터를 가공(프로세싱)하는 과정을 익힌다.

하드웨어 구성
하드웨어 구현에 앞서 이번 실험에서 처음 등장하면서 이 실험의 근간이 되는 가변저항에 대하여 알아보도록 하자.

가변저항(Variable Resistor)

가변저항을 이해하기 위해서는 먼저 저항(Resistor)을 이해해야 한다. 그 용어에서 언뜻 예측할 수 있듯이 전류에 저항하는 부품이다. 그런데 전류에 저항한다는 것은 문학적 표현이며 공학에서는 전류의 흐름을 방해하는 부품이라고 설명한다. 앞서 스위치를 연결하는 실험에서도 전류를 방해하는 용도로 저항을 이미 사용했었다(2.4절).

가변저항은 말 그대로 해석하자면 값이 변할 수 있는 저항으로 슬라이더나 노브(knob)를 움직여서 저항 값을 바꿀 수 있는 부품이다. 인터랙티브 뮤직에서 주로 사용하게 될 센서는 대부분 가변저항과 비슷하게 작동을 하게 되는데 조도 센서의 경우는 빛의 밝기에 따라 저항 값이 변하는 부품이고 온도 센서의 경우는 온도에 따라 저항 값이 변하는 부품이다. 이와 같이 대부분의 센서가 감지하는 양에 대한 저항 값을 내보내는 부품이기 때문에 가변저항을 이해하고 익히는 일은 매우 중요한 과정에 속한다.

가변저항의 생김새

일반적인 가변저항의 생김새는 그림 41과 같고 기호는 그림 42와 같이 표기한다.

그림 41 가변저항의 생김새

그림 42 가변저항의 표기

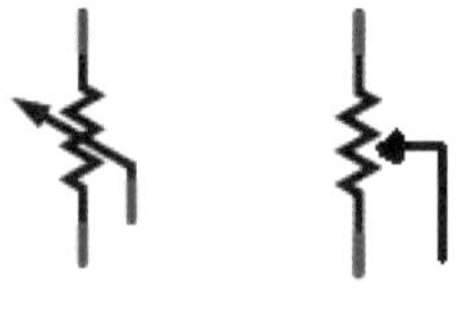

가변저항의 종류: A 타입(Log), B 타입(Linear)

가변저항은 기본적으로 고유저항 값을 가지고 있고 노브(knob)를 돌리면 저항 값이 변하게 된다. 변하는 양상에 따라서 타입 A, B, C, D 등이 있다. 이 중에서 우리가 흔히 사용하는 타입은 A타입과 B타입이다. A타입의 경우, 처음에는 저항 값이 천천히 변하다가 중간 지점을 지나면서 급격하게 변하는 로그(Log)의 변화율을 갖는다. 이런 특성 때문에 오디오 기기의 볼륨을 조절할 때 주로 사용된다. 반면 B타입은 처음부터 끝까지 일정하게 저항 값이 바뀌는 특성(Linear)을 갖는다. 그렇기 때문에 이제부터 실험하게 될 아날로그 값을 디지털화하는 데에는 B타입의 가변저항이 적합하다. (그래서 아두이노 스타터 키트에 들어 있는 가변저항도 B타입이다.)

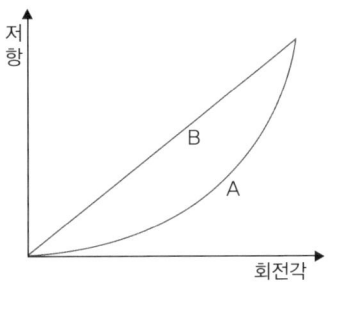

그림 43 가변저항의 저항 값 변화특성 그래프

가변저항 및 센서의 연결방법

그렇다면 연결은 어떻게 하면 될까? 가변저항은 그림 44에서 보이는 것처럼 3개의 단자를 가지고 있다. 이 3개의 단자 중 중간에 있는 단자(핀)에서 값을 읽어오게 되며 나머지 2개의 단자에 Vcc(우리는 +5V라는 기준전압을 사용하고 있다)와 Gnd(그라운드, 전기적으로 0V에 해당)를 연결하게 된다.

이때 나머지 두 핀에 +5V와 Gnd를 연결하는 순서에 따라 가변저항을 오른쪽으로 돌렸을 때 큰 값이 만들어질지 왼쪽으로 돌렸을 때 큰 값이 만들어질지가 달라진다. 그림 44의 (a)와 같은 방법으로 연결한다면 왼쪽으로 돌렸을 때 작은 값, 오른쪽으로 돌렸을 때 큰 값이 만들어지고 (b)와 같은 방법으로 연결했을 때는 그 반대로, 왼쪽으로 돌렸을 때 큰 값, 오른쪽으로 돌렸을 때 작은

그림 44 가변저항의 연결 방법

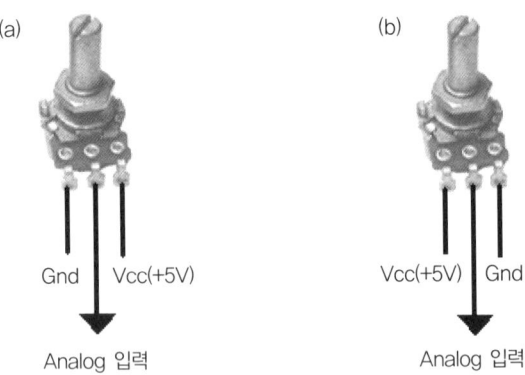

값이 만들어진다. 여기서 큰 값, 작은 값은 전압을 의미하며 아두이노에서는 이 값을 0~1023이라는 값으로 변환하여 받아들인다.

하드웨어 구성

이제 가변저항과 충분히 친해졌다면 가변저항에서 읽힌 값에 따라 커지는 LED 개수를 변화시키는 실험을 해보도록 하자. 이번에도 지난 실험과 마찬가지로 포트 0번부터 7번까지는 LED를 연결시키고 ANALOG IN 0번 포트에 가변저항의 중간 핀을 연결하여 가변저항으로부터 값을 읽어 오도록 하자. 이것을 아두이노에 연결하면 그림 45와 같다.

그림 45 가변저항의 연결

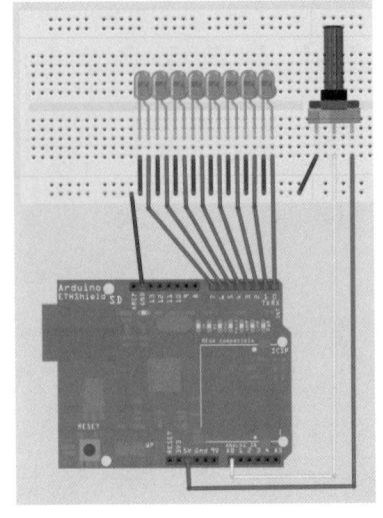

회로도 5 가변저항으로 LED 켜고 끄기

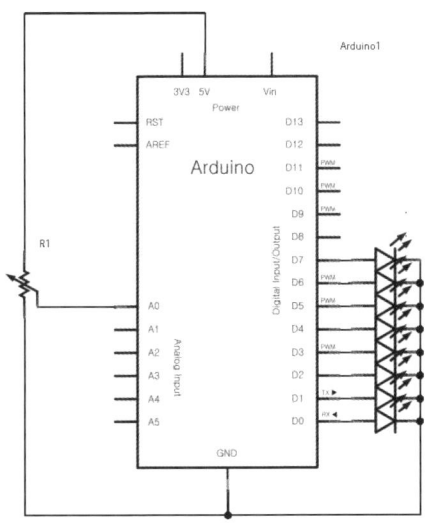

아두이노 프로그래밍

우선 val이라는 변수를 지정하고 초기 값을 0으로 설정한다.

```
int val=0;
```

지난 실험에서 한 것처럼 void setup() 함수에서 포트 0번부터 7번을 OUTPUT으로 설정한다.

```
void setup(){
  for(int p=0;p<8;p++){
    pinMode(p,OUTPUT); }
}
```

void loop() 함수에서 우리가 구현하려는 순서를 정리하면 다음과 같다.

1. ANALOG IN 0번 포트를 통하여 아날로그 입력을 0~1023의 값으로 입력 받아 이 값을 val이라는 변수로 저장한다.

2. val이 100보다 큰 값이라면 0번 포트와 연결된 LED를 켜고 100보다 작은 값이라면 0번 포트의 LED를 켜지 않는다.

3. val이 200보다도 크다면 1번 포트와 연결된 LED를 켜고 200보다 크지 않다면 1번 포트의 LED는 켜지 않는다. (따라서 val 값이 100~200의 값이라면 0번 포트의 LED만 켜진다.)

4. val이 300보다도 크다면 2번 포트와 연결된 LED를 켜고 300보다 크지 않다면 2번 포트의 LED는 켜지 않는다. (따라서 val 값이 200~300의 값이라면 0번과 1번 포트의 LED 만 켜진다.)

5. val이 400보다도 크다면 3번 포트와 연결된 LED를 켜고 400보다 크지 않다면 3번 포트의 LED는 켜지 않는다. (따라서 val 값이 300~400의 값이라면 0번, 1번, 2번 포트의 LED가 켜진다.)

6. val이 500보다도 크다면 4번 포트와 연결된 LED를 켜고 500보다 크지 않다면 4번 포트의 LED는 켜지 않는다. (따라서 val 값이 400~500의 값이라면 0번, 1번, 2번, 3번 포트의 LED가 켜진다.)

7. val이 600보다도 크다면 5번 포트와 연결된 LED를 켜고 600보다 크지 않다면 5번 포트의 LED는 켜지 않는다. (따라서 val 값이 500~600의 값이라면 0번, 1번, 2번, 3번, 4번 포트의 LED가 켜진다.)

8. val이 700보다도 크다면 6번 포트와 연결된 LED를 켜고 700보다 크지 않다면 6번 포트의 LED는 켜지 않는다. (따라서 val 값이 600~700의 값이라면 0번, 1번, 2번, 3번, 4번, 5번 포트의 LED가 켜진다.)

9. val이 800보다도 크다면 7번 포트와 연결된 LED를 켜고 800보다 크지 않다면 7번 포트의 LED는 켜지 않는다. (따라서 val 값이 700~800의 값이라면 0번, 1번, 2번, 3번, 4번, 5번, 6번 포트의 LED가 켜지고 800보다 큰 값이라면 7번 포트의 LED까지 켜져서 모든 LED에 불이 들어온다.)

이것을 코드로 정리하면 다음과 같다.

코드 04 가변저항으로 LED 켜고 끄기

```
int val=0;

void setup(){
  for(int p=0;p<8;p++){
    pinMode(p,OUTPUT); }
}

void loop(){
  val=analogRead(0);
  if(val>100){digitalWrite(0,1);} else {digitalWrite(0,0);}
  if(val>200){digitalWrite(1,1);} else {digitalWrite(1,0);}
  if(val>300){digitalWrite(2,1);} else {digitalWrite(2,0);}
  if(val>400){digitalWrite(3,1);} else {digitalWrite(3,0);}
  if(val>500){digitalWrite(4,1);} else {digitalWrite(4,0);}
  if(val>600){digitalWrite(5,1);} else {digitalWrite(5,0);}
  if(val>700){digitalWrite(6,1);} else {digitalWrite(6,0);}
  if(val>800){digitalWrite(7,1);} else {digitalWrite(7,0);}
}
```

이제 컴파일하고 다운로드하여 동작을 확인해 보자. 어디서 많이 본듯한 동작 형태이지 않은가? 바로 디지털 믹서나 컨트롤러에서 노브(knob)를 움직였을 때 이와 같은 LED의 동작을 본 적이 있을 것이다. 이처럼 각 실험을 하는 동안 우리는 우리 주변의 여러 가지 디지털적인 표현방법들이나 구현방법들에 대하여 하나씩 알아가게 될 것이다. (0번 포트에 전선이 연결되어 있을 때는 다운로드 시에 그림 32와 같은 에러가 발생할 수 있으니 다운로드할 때 잠깐 전선을 빼고 다운로드를 끝마친 후에 0번 포트를 다시 연결하도록 하자.)

그림 46 디지털 컨트롤러 (Behringer사의 BCF2000)

 실습 과제 8

아두이노 스타터 키트에는 CdS라고 하는 밝기를 측정하는 센서가 포함되어 있다. CdS는 황화카드뮴의 원소기호로써 밝을 때 저항이 감소하고 어두우면 저항이 증가하는 황화카드뮴의 특성을 이용한 센서이다. 이 센서를 이용하여 가변저항 대신 밝고 어둡기에 따라 켜지는 LED의 수를 조정하게끔 해보자. 프로그래밍은 그대로 사용하고 하드웨어에서 가변저항을 그림 47(회로도 6)과 같이 변경하자. 여기서 저항은 10KΩ 을 사용하도록 한다.

그림 47 밝기에 따라 켜지는 LED의 수가 바뀌는 하드웨어

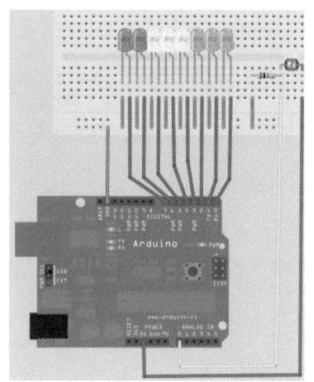

회로도 6 밝기에 따라 켜지는 LED 개수가 바뀌는 회로도

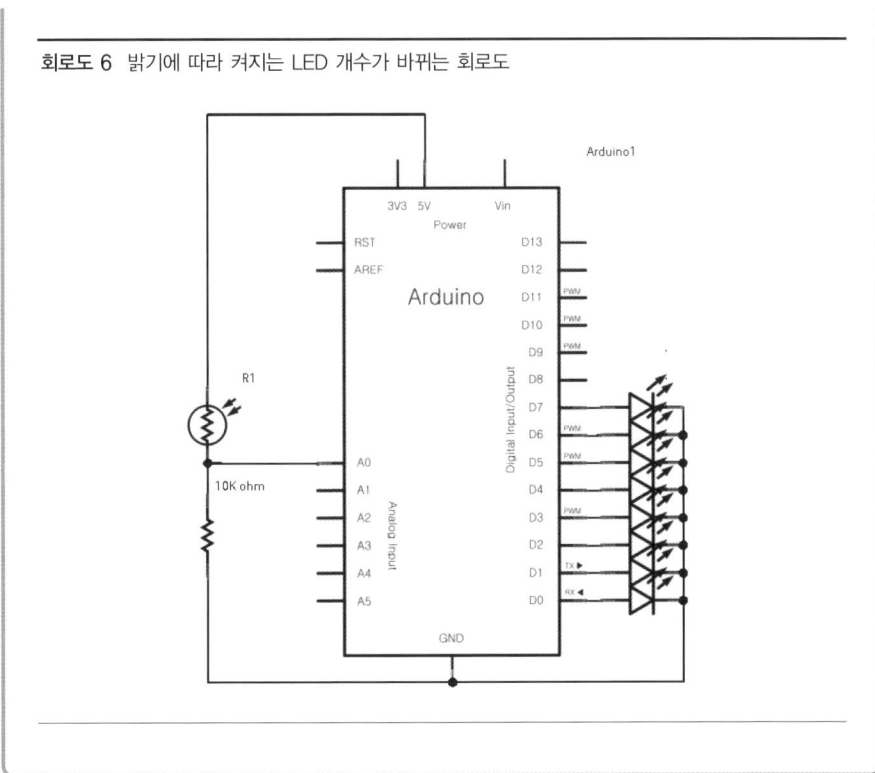

3.2 FND 켜기 (0~9까지)

목표

정보를 나타내기 위하여 가장 많이 사용되는 디스플레이 부품인 FND에 대하여 공부하고 사용법을 익힌다.

하드웨어 구성

FND(Flexible Numeric Display)는 우리가 주변에서 흔히 볼 수 있는 디지털 디스플레이 중 하나로 특히 엘리베이터의 층수를 표기하거나 전자계산기에서

숫자를 표시하는데 아주 효과적으로 사용이 되는 부품이다. FND는 7개(점까지 포함할 경우는 8개)의 LED를 조합하는 방법에 따라서 다양한 숫자와 간단한 영문까지 표기가 가능하다. 7개의 LED로 숫자를 표기한다는 의미로 7 segment LED(세븐 세그먼트 LED)라고도 부른다.

아쉽게도 스타터 키트에는 FND 부품이 포함되어 있지 않다. 그럼에도 FND는 매우 자주 사용되는 부품이기에 여기에 설명을 하였으며 부품은 각종 인터넷 부품 쇼핑몰[3]에서 어렵지 않게 구입할 수 있다. 이 책에서 다루는 부품 중에서 FND와 MIDI 단자[4]가 스타터 키트에는 포함되어 있지 않으므로 별도 구입을 해야 하며 향후 이 두 가지 부품과 인터랙티브 뮤직의 구현에 필요한 다양한 센서를 구할 수 있는 곳을 저자의 블로그(http://www.jwsounddesign.com)를 통해서 소개할 예정이다.

FND의 생김새와 종류

FND의 생김새는 그림 48과 같다.

앞서 우리는 LED에 극성이라는 것이 있어서 +5V와 GND를 정확하게 연결해야 불을 켤 수 있다고 이야기했었다. FND 역시 LED의 집합체이므로 방향이 정해져 있는데 그 방향성에 따라서 커먼 애노드(Common Anode) 타입과 커먼 캐소드(Common Cathode) 타입으로 구분한다. 커먼 애노드 타입은 그림 48의 우측 FND 그림에서 체크 표시되어 있는 3번과 8번 핀에 +5V를 연결하고 다른 핀에 0이라는 신호를 보내서 LED의 불을 켜는 방식이다. 예를 들어 커먼 애노드 타입의 FND에서 1이라는 값을 표시하고 싶다면 그림 48에서 3번과 8번핀을 +5V에 연결하고 6번과 4번 핀에 0이라는 신호를 보내고 나머지 핀에 1이라는 신호를 보내면 B와 C에 불이 들어와서 1이라는 값이 표시된다. 커먼

---

[3] 전자부품을 구입할 수 있는 사이트 목록은 부록 D를 참고하자.
[4] MIDI 단자는 DIN이라고 하는 규격의 소켓이므로 구입시 DIN으로 검색을 할 수 있으며 본문에서 사용된 MIDI 단자의 모델명은 DIN 504B(5Pin)이다.

그림 48 FND의 생김새와 표기.

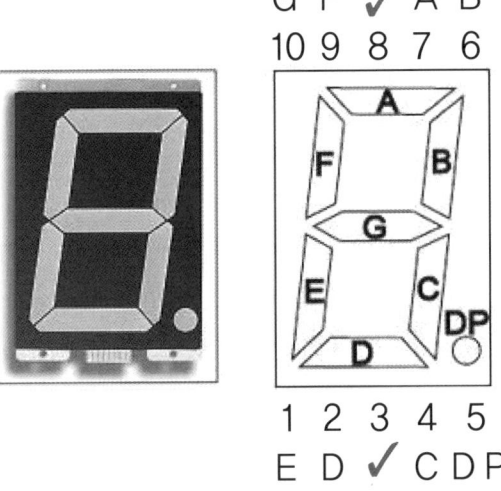

캐소드 타입의 경우는 3번과 8번 핀에 GND를 연결하고 켜고자 하는 LED의 핀에 1이라는 신호를 보내서 불을 켜는 방식이다. 따라서 커먼 캐소드 타입의 FND에서 2라는 값을 표시하고 싶다면 3번과 8번 핀을 GND로 연결하고 7, 6, 10, 1, 2번 핀에 1이라는 신호를 출력해서 2라는 값을 표시할 수 있다.

여러분이 가지고 있는 FND가 커먼 애노드 타입인지 커먼 캐소드 타입인지를 확인하고 싶다면 가지고 있는 FND에 대한 데이터 시트(Data Sheet)를 확인하는 방법이 있다. 하지만 어떤 부품에 대한 데이터 시트를 이해하는 일은 그리 쉬운 일이 아니므로 다음의 방법을 권한다. 3번 핀이나 8번 핀에 GND를 연결하고 5번 핀에 +5V를 연결하여 FND의 Dot(점)에 불이 들어오는지 확인하고 불이 들어온다면 커먼 캐소드, 불이 들어오지 않는다면 커먼 애노드 타입임을 확인할 수 있다. (불이 들어오지 않을 경우, 고장인 경우도 있을 수 있으므로 3번 핀에 +5V, 5번 핀에 GND를 연결하여 불이 들어오는 것까지 확인하는 것이 좋다.)

그림 49 초시계 하드웨어

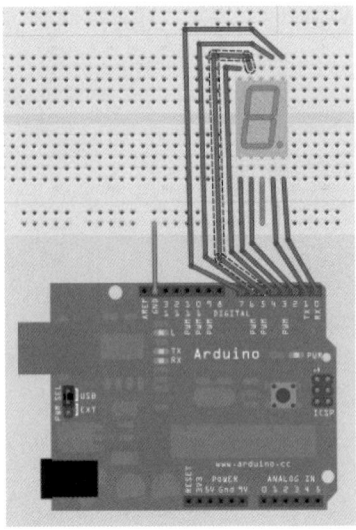

회로도 7 초시계 회로도

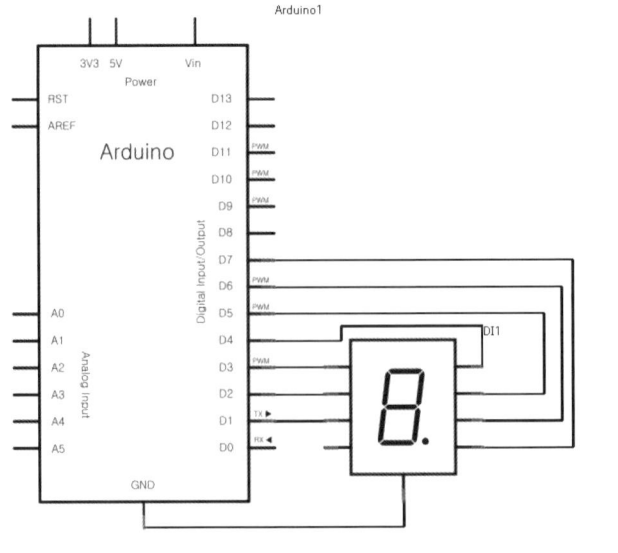

이번에는 커먼 캐소드 타입의 FND를 이용하여 0~9초까지의 시간을 나타내는 초시계를 만들어 보도록 하자.

이번 실험에서 사용할 FND가 커먼 캐소드 타입이므로 3번 핀에 Gnd를 연결하고 1, 2, 4, 5, 6, 7, 9, 10번 핀을 포트 0부터 7번까지 연결하도록 하자(그림 49, 회로도 7 참고).

이것으로 실험에 필요한 하드웨어 준비를 마쳤다.

아두이노 프로그래밍

그림 49에서 보는 것처럼 FND를 사용할 때 중요한 것은 어떤 포트를 1, 어떤 포트를 0으로 했을 때, 우리가 원하는 숫자가 표시되는지를 확인하는 것이다. 이를 위해서 다음의 표를 잠깐 살펴보도록 하자. 아래 그림 50에서 상자 안에 표시된 숫자는 그림 49처럼 연결했을 때 아두이노의 포트 번호이다.

그림 50 FND 연결

표 1 FND의 포트 번호

숫자	1이 되어야 할 핀 번호	1이 되어야 할 아두이노 포트번호
0	1, 2, 4, 6, 7, 9	1, 2, 3, 5, 6, 7
1	4, 6	1, 7
2	7, 6, 10, 1, 2	2, 3, 4, 6, 7
3	7, 6, 10, 4, 2	1, 2, 4, 6, 7
4	9, 10, 6, 4	1, 4, 5, 7
5	7, 9, 10, 4, 2	1, 2, 4, 5, 6
6	7, 9, 1, 2, 4, 10	1, 2, 3, 4, 5, 6
7	9, 7, 6, 4	1, 5, 6, 7
8	1, 2, 4, 6, 7, 9, 10	1, 2, 3, 4, 5, 6, 7
9	2, 4, 6, 7, 9, 10	1, 2, 4, 5, 6, 7

위의 표에 따라서 만약 5라는 숫자를 FND에 표기하고 싶다면 다음과 같이 각 포트의 출력 값을 정해주면 된다.

```
digitalWrite(1,1); digitalWrite(2,1); digitalWrite(3,0);
digitalWrite(4,1); digitalWrite(5,1); digitalWrite(6,1);
digitalWrite(7,0);
```

이외에도 FND를 이용하여 간단한 알파벳의 표기도 가능하므로 위와 같은 표를 그려 보면서 알파벳 표기 방법을 고민해 보는 것도 많은 공부가 될 것이다.

그럼 이제 FND에 0부터 9까지의 값이 변하면서 10초를 세는 프로그래밍을 해 보도록 하자.

코드 05 FND 켜기

```
void setup(){
  for(int p=0;p<8;p++){
    pinMode(p,OUTPUT); }
}
```

```
void loop(){
  digitalWrite(1,1); digitalWrite(2,1); digitalWrite(3,1);
  digitalWrite(4,0); digitalWrite(5,1); digitalWrite(6,1);
  digitalWrite(7,1);   // 0
  delay(1000);
  digitalWrite(1,1); digitalWrite(2,0); digitalWrite(3,0);
  digitalWrite(4,0); digitalWrite(5,0); digitalWrite(6,0);
  digitalWrite(7,1); //1
  delay(1000);
  digitalWrite(1,0); digitalWrite(2,1); digitalWrite(3,1);
  digitalWrite(4,1);digitalWrite(5,0); digitalWrite(6,1);
  digitalWrite(7,1);   //2
  delay(1000);
  digitalWrite(1,1); digitalWrite(2,1); digitalWrite(3,0);
  digitalWrite(4,1); digitalWrite(5,0); digitalWrite(6,1);
  digitalWrite(7,1); //3
  delay(1000);
  digitalWrite(1,1); digitalWrite(2,0); digitalWrite(3,0);
  digitalWrite(4,1);digitalWrite(5,1); digitalWrite(6,0);
  digitalWrite(7,1); //4
  delay(1000);
  digitalWrite(1,1); digitalWrite(2,1); digitalWrite(3,0);
  digitalWrite(4,1);digitalWrite(5,1); digitalWrite(6,1);
  digitalWrite(7,0); //5
  delay(1000);
  digitalWrite(1,1); digitalWrite(2,1); digitalWrite(3,1);
  digitalWrite(4,1); digitalWrite(5,1); digitalWrite(6,1);
  digitalWrite(7,0); //6
  delay(1000);
  digitalWrite(1,1); digitalWrite(2,0); digitalWrite(3,0);
  digitalWrite(4,0); digitalWrite(5,1); digitalWrite(6,1);
  digitalWrite(7,1); //7
  delay(1000);
  digitalWrite(1,1); digitalWrite(2,1); digitalWrite(3,1);
  digitalWrite(4,1); digitalWrite(5,1); digitalWrite(6,1);
  digitalWrite(7,1); //8
  delay(1000);
  digitalWrite(1,1); digitalWrite(2,1); digitalWrite(3,0);
  digitalWrite(4,1); digitalWrite(5,1); digitalWrite(6,1);
  digitalWrite(7,1); //9
  delay(1000);
}
```

void setup() 함수는 이전 실험에서 사용했던 코드를 그대로 사용했고 void loop() 함수에서는 위의 표에 따라 1번부터 7번 포트의 출력을 설정했다. 그리고 delay(1000);를 이용하여 1000ms(밀리초), 즉 1초의 시간지연을 시켜서 1초에 한 번씩 0부터 9까지의 숫자가 표시되도록 하였다.

여기서 새로 등장한 낯선 코드가 //1, //2 와 같은 표기인데 이것은 주석문이라고 하여 컴퓨터는 이 부분을 아예 해석하지 않는다. 다시 말해서 컴퓨터는 읽지 못하는 부분으로 사람이 코드를 이해하기 쉽게 설명문을 써놓은 부분이다. 이 부분은 아무리 길게 써도 아두이노는 해석하지 않고 실행하지도 않는다. 아쉬운 점은 아두이노 소프트웨어가 아직 한글을 제대로 지원하고 있지 않아서 한글로 주석문을 쓰면 오류가 나거나 아예 주석문이 써지지 않을 수 있다는 것이다.

이제 컴파일과 다운로드를 하고 예상한 대로 동작하는지 확인해 보자.

실습 과제 9
1초에 한번씩 Arduino의 알파벳이 순서대로 FND에 표시되는 프로그램을 만들어 보자.

3.3 스위치로 FND 켜기

목표
스위치를 눌렀을 때 FND가 변하는 프로그램을 통해 FND에 보다 익숙해지도록 하고 FND의 효율성 및 가독성에 대하여 인지하도록 한다.

이번에는 앞서 사용했던 FND를 이용하여 카운터를 만들어 보도록 하자. 이는 2.5절에서 구현했던 카운터와도 상당히 유사하다. 단, 차이가 있다면 LED가 FND로 바뀌어서 스위치를 누른 횟수를 보다 쉽게 알 수 있다는 것이다.

하드웨어 구성

하드웨어는 앞서 만들었던 FND 연결을 그대로 사용하고 아두이노의 8번 포트에 스위치만 추가로 연결하기로 한다. FND와 아두이노의 연결에서 선을 간결하게 정리하는 일은 상당히 수고스러운 일이다. 이것은 브레드보드를 이

그림 51 위에서 본 모습, 측면에서 본 모습, 후면에서 본 모습

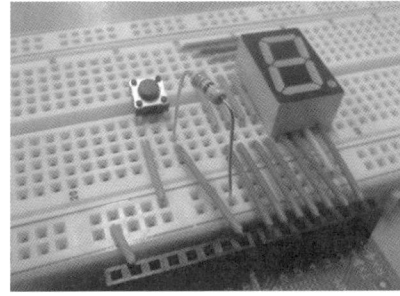

용하여 회로를 테스트하는 사람이라면 누구에게나 상당히 고민스러운 일 중 하나이다. 그래서 그림 51에 필자가 연결한 것을 나타내었으니 참고가 되길 바란다.

회로도 8 스위치로 FND 켜기 회로도

아두이노 프로그래밍

FND를 구동하고자 하니 숫자 하나를 표시하는 데에도 상당히 긴 코드가 필요하게 되었다. 이렇게 긴 코드를 보다 효율적으로 짤 방법은 없을까? 바로 이런 고민을 해결해 줄 기법이 함수(Function)의 사용이다. 예를 들어 FND에 숫자를 표시하는 부분을 fnd(변수)( ) 라고 하는 하나의 함수로 만들어서, 만약 void loop() 함수 안에서 fnd(1);이라는 명령을 내리면(정확한 표현으로는 '함수를 사용하게 되면') FND에 1을 표시하게 하고 fnd(2);이라는 명령을 내리면 FND에 2라는 값을 표시하게 된다.

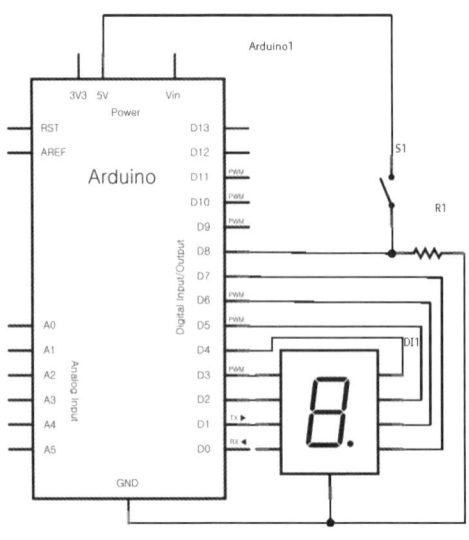

그림 52 함수의 작동 원리

> **Tip**
>
> 함수를 사용하게 되면 나중에 아두이노로 신디사이저를 제어할 때 midi(1,98);(이 함수는 5장에서 Control 번호 1번, Control 값 98을 보내라는 함수로 사용될 것이다)과 같이 쉽게 코드를 만들 수 있다.

그럼 전체 코드를 보고 fnd()라는 함수를 어떻게 만들고 사용하고 있는지 확인해 보자.

코드 06 스위치로 FND 켜기

```
int sw1=0;
void setup(){
  for(int p=0;p<8;p++){
    pinMode(p,OUTPUT); }
}

void loop(){
  if(digitalRead(8)==1) {
  sw1=sw1+1;
  if(sw1>9) {sw1=0;}
  delay(250);
  }
  else {sw1=sw1;}
  fnd(sw1);
}

void fnd(int i){
  if(i==0){
    digitalWrite(1,1); digitalWrite(2,1); digitalWrite(3,1); digitalWrite(4,0);
    digitalWrite(5,1); digitalWrite(6,1); digitalWrite(7,1);  //0
  }
  else if(i==1){
    digitalWrite(1,1); digitalWrite(2,0); digitalWrite(3,0); digitalWrite(4,0);
    digitalWrite(5,0); digitalWrite(6,0); digitalWrite(7,1); //1
  }
  else if(i==2){
    digitalWrite(1,0); digitalWrite(2,1); digitalWrite(3,1); digitalWrite(4,1);
    digitalWrite(5,0); digitalWrite(6,1); digitalWrite(7,1);  //2
  }
  else if(i==3){
```

```
    digitalWrite(1,1); digitalWrite(2,1); digitalWrite(3,0); digitalWrite(4,1);
    digitalWrite(5,0); digitalWrite(6,1); digitalWrite(7,1); //3
  }
  else if(i==4){
    digitalWrite(1,1); digitalWrite(2,0); digitalWrite(3,0); digitalWrite(4,1);
    digitalWrite(5,1); digitalWrite(6,0); digitalWrite(7,1); //4
  }
  else if(i==5){
    digitalWrite(1,1); digitalWrite(2,1); digitalWrite(3,0); digitalWrite(4,1);
    digitalWrite(5,1); digitalWrite(6,1); digitalWrite(7,0); //5
  }
  else if(i==6){
    digitalWrite(1,1); digitalWrite(2,1); digitalWrite(3,1); digitalWrite(4,1);
    digitalWrite(5,1); digitalWrite(6,1); digitalWrite(7,0); //6
  }
  else if(i==7){
    digitalWrite(1,1); digitalWrite(2,0); digitalWrite(3,0); digitalWrite(4,0);
    digitalWrite(5,1); digitalWrite(6,1); digitalWrite(7,1); //7
  }
  else if(i==8){
    digitalWrite(1,1); digitalWrite(2,1); digitalWrite(3,1); digitalWrite(4,1);
    digitalWrite(5,1); digitalWrite(6,1); digitalWrite(7,1); //8
  }
  else if(i==9){
    digitalWrite(1,1); digitalWrite(2,1); digitalWrite(3,0); digitalWrite(4,1);
    digitalWrite(5,1); digitalWrite(6,1); digitalWrite(7,1); //9
  }
  else {
    digitalWrite(1,0); digitalWrite(2,0); digitalWrite(3,0); digitalWrite(4,0);
    digitalWrite(5,0); digitalWrite(6,0); digitalWrite(7,0); //9
  }
}
```

위의 코드에서 void setup() 함수와 void loop() 함수는 2.5절에서 사용했던 코드를 거의 그대로 사용하고 있다. 심지어 void loop() 함수의 경우는 2.4절에서 사용했던 코드보다 더 단순해지기까지 했다. 대신 void fnd(int i){…}이라는 함수를 만들어서 loop()함수에서 fnd(7);과 같은 명령을 하면(함수를 호출한다는 표현이 더 정확한 표현이지만 용어에 너무 집착하지는 말자) if(i==7)에 해당하는 명령이 실행되어 FND에 7이라는 값이 표시가 되는 것이다.

이렇게 함수는 프로그램을 간결하고 보기 좋으며 효율적으로 사용할 수 있게 도와준다. 이제 FND를 사용할 일이 있을 때 우리는 void fnd(int i){…} 함수를 계속 사용하게 될 것이다.

프로그램 코드를 입력했다면 컴파일하고 다운로드하여 아두이노가 우리가 예상한 대로 동작하는지 확인해 보도록 하자.

FND를 이용하여 전자 주사위 만들기

이번에는 하드웨어는 그대로 둔 채 프로그램만 수정하여 스위치를 눌렀을 때 1부터 6 사이의 숫자가 표시되게 하는 전자 주사위를 만들어 보도록 하자. 앞서 언급한 것처럼 FND를 사용하기 위해 void fnd(){…} 함수를 그대로 사용할 것이며 setup() 함수도 손댈 필요가 없으므로 loop() 함수만 조금 수정해서 재미있는 전자 주사위를 만들어 보자.

```
int dice=0;
void loop(){
   if(digitalRead(8)==1) {
    delay(200);
    dice = random(1,7); fnd(dice); delay(30);
    dice = random(1,7); fnd(dice); delay(70);
    dice = random(1,7); fnd(dice); delay(120);
    dice = random(1,7); fnd(dice); delay(180);
    dice = random(1,7); fnd(dice); delay(250);
    dice = random(1,7); fnd(dice); delay(330);
    dice = random(1,7); fnd(dice);
   }
   else {dice=dice;}
   fnd(dice);
}
```

여기서는 지금까지 다루지 않았던 명령어가 하나 새로 등장했는데 바로 random(min, max); 이라는 명령어이다. 우리가 이미 알고 있는 것처럼 주사위는 불규칙한 6개의 값을 생성해 낸다. 따라서 불규칙한 값을 만들어 주는 random이라는 명령을 사용하게 된 것이다. 위와 같이 불규칙한 값을 생성해 내는 것을 난수 발생기라고 이야기한다. random 명령의 형식은 다음과 같다.

```
random(min,max);
```
min 값과 max 값 사이의(max 값을 넘지 않는) 난수를 만들어 낸다.

```
dice = random(1,7);
```
1부터 6까지의 불규칙한 값을 하나 만들어서 dice라는 변수에 저장한다.

```
fnd(dice);
```
사용자가 만든 함수로 FND에 그 값을 출력하는 함수이다.

스위치를 눌렀을 때 바로 값이 출력되게 하면, 주사위를 굴리는 것 같은 재미가 없어서 6개의 난수를 점점 느리게 표시하다가 7번째 난수가 마지막에 표시되도록 delay 명령을 넣었다.

만약 더 박진감있게 프로그램을 수정하고 싶다면 난수가 발생되고 난 후의 delay 값을 수정하거나 최종 값이 표시되기 전까지 다음과 같은 3개의 명령을 몇 개 추가하면 된다.

```
dice = random(1,7);
fnd(dice);
delay(30);
```

이제 컴파일과 다운로드를 하고 우리의 생각대로 동작하는지 확인해 보자.

실습 과제 10
delay 시간과 난수 발생 횟수를 수정하여 자신만의 주사위 놀이를 만들어 보자.

3.4 가변저항으로 FND 켜기

이번에는 스위치 대신 가변저항을 연결하여 저항의 노브(knob)를 움직였을 때 움직인 정도를 0부터 9까지의 값으로 FND에 표시해 주는 실험을 해보자. 하드웨어는 3.3절에서 사용했던 하드웨어에서 스위치를 가변저항으로 바꿀 것이며 가변저항의 연결에 대해서는 3.1절에서 충분히 설명을 했으니 참고하기 바란다.

하드웨어 구성

3.1절과 3.3절을 참고하여 하드웨어를 구성하면 그림 53과 같이 구성이 된다 (회로도 9).

그림 53 가변저항의 연결

아두이노 프로그래밍

프로그래밍 역시 3.1의 코드와 3.3절의 코드를 거의 그대로 사용하게 된다. 우선 fnd(){…} 함수는 전혀 수정하지 않고 그대로 사용하고 ANALOG IN의 0번 포트를 통해서 읽어 오는 값을 vr이라는 변수로 저장하기 위하여 int vr=0;이라고 변수를 지정하고 0으로 초기화하였다.

회로도 9 가변저항으로 FND 켜기

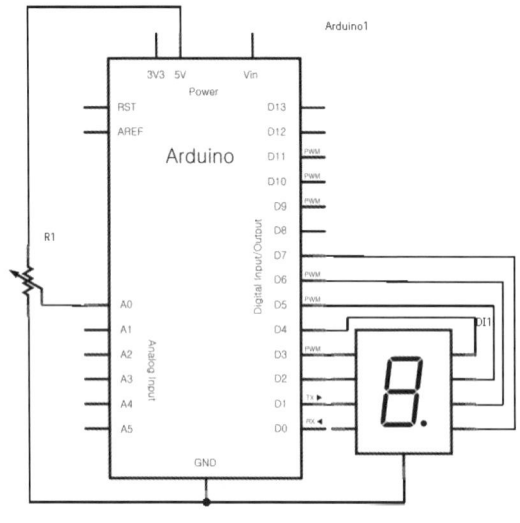

우리가 FND에 표시할 값은 0부터 9까지의 정수이므로 vr은 int라는 정수형 변수를 사용한다는 지정을 한 것이다. 이제 vr이라는 변수에는 정수만을 담을 수 있다.

void setup() 함수에서는 0번부터 7번 포트를 모두 출력으로 사용하게끔 설정하였다.

void loop() 함수에서는 ANALOG IN 0번 포트로부터 가변저항의 값을 읽어서 vr이라는 변수에 저장을 한다. 가변저항의 움직임에 따라서 vr에는 0부터 1023까지의 값이 저장된다.

```
vr=analogRead(0);
```

이제 vr을 110으로 나누어서 다시 vr이라는 변수에 저장을 한다. "그럼 0부터 1023까지의 값은 0부터 9까지의 값으로 바뀌게 된다. 1023을 110으로 나누면 9.3 아닌가요?"라고 묻는 아주 수학적인 분도 있으리라 생각되는데, vr 이라는 변수에는 정수만 저장이 되기 때문에 9.3은 9라는 값으로 vr에 저장이 된다.

```
vr=vr/110;
```

이제 vr 값을 FND에 표시하기 위하여 fnd()라는 함수를 사용하였다.

```
fnd(vr);
```

그 아래의 void fnd(int i){…}는 이미 앞에서 설명하였다. 이렇게 만들어진 코드는 다음과 같다.

코드 07 가변저항 값을 FND에 표시하게 하는 프로그램

```
int vr=0;
void setup(){
  for(int p=0;p<8;p++){
    pinMode(p,OUTPUT); }
}

void loop(){
    vr=analogRead(0);
    vr=vr/110;
    fnd(vr);
}

void fnd(int i){
  if(i==0){
    digitalWrite(1,1); digitalWrite(2,1); digitalWrite(3,1); digitalWrite(4,0);
    digitalWrite(5,1); digitalWrite(6,1); digitalWrite(7,1);  //0
  }
  else if(i==1){
    digitalWrite(1,1); digitalWrite(2,0); digitalWrite(3,0); digitalWrite(4,0);
    digitalWrite(5,0); digitalWrite(6,0); digitalWrite(7,1); //1
  }
  else if(i==2){
    digitalWrite(1,0); digitalWrite(2,1); digitalWrite(3,1); digitalWrite(4,1);
    digitalWrite(5,0); digitalWrite(6,1); digitalWrite(7,1);  //2
  }
```

```
    else if(i==3){
      digitalWrite(1,1); digitalWrite(2,1); digitalWrite(3,0); digitalWrite(4,1);
      digitalWrite(5,0); digitalWrite(6,1); digitalWrite(7,1); //3
    }
    else if(i==4){
      digitalWrite(1,1); digitalWrite(2,0); digitalWrite(3,0); digitalWrite(4,1);
      digitalWrite(5,1); digitalWrite(6,0); digitalWrite(7,1); //4
    }
    else if(i==5){
      digitalWrite(1,1); digitalWrite(2,1); digitalWrite(3,0); digitalWrite(4,1);
      digitalWrite(5,1); digitalWrite(6,1); digitalWrite(7,0); //5
    }
    else if(i==6){
      digitalWrite(1,1); digitalWrite(2,1); digitalWrite(3,1); digitalWrite(4,1);
      digitalWrite(5,1); digitalWrite(6,1); digitalWrite(7,0); //6
    }
    else if(i==7){
      digitalWrite(1,1); digitalWrite(2,0); digitalWrite(3,0); digitalWrite(4,0);
      digitalWrite(5,1); digitalWrite(6,1); digitalWrite(7,1); //7
    }
    else if(i==8){
      digitalWrite(1,1); digitalWrite(2,1); digitalWrite(3,1); digitalWrite(4,1);
      digitalWrite(5,1); digitalWrite(6,1); digitalWrite(7,1); //8
    }
    else if(i==9){
      digitalWrite(1,1); digitalWrite(2,1); digitalWrite(3,0); digitalWrite(4,1);
      digitalWrite(5,1); digitalWrite(6,1); digitalWrite(7,1); //9
    }
    else {
      digitalWrite(1,0); digitalWrite(2,0); digitalWrite(3,0); digitalWrite(4,0);
      digitalWrite(5,0); digitalWrite(6,0); digitalWrite(7,0); //9
    }
  }
```

프로그램을 컴파일하고 다운로드하여 정상적으로 동작하는지 확인하면 이번 실험은 마치게 된다.

3.5 간단한 신디사이저 만들기

목표

피에조라는 부품에 대하여 공부하고, 소리를 만들어 내는 기본적인 원리를 이해한다.

이번에는 스타터 키트에 포함되어 있는 피에조(Piezo)라는 부품을 사용해 보자. 피에조는 압전소자라고도 하며 압력을 전기신호로 또는 전기신호를 압력으로 변환해주는 일을 한다. 이것은 압력을 전기신호로 바꿔주는 마이크나 전기신호를 압력으로 바꿔주는 스피커와도 유사한 성질을 가지고 있어서 뛰어난 품질의 소리를 필요로 하지 않는 초인종이나 저가의 인터폰 등에서 사용이 되고 있다.

피에조로 소리를 내는 실험을 하기 전에 우선 소리를 내는 대표적 소자인 스피커의 구조에 대하여 간단하게 공부해 보도록 하자.

그림 54 스피커의 구조

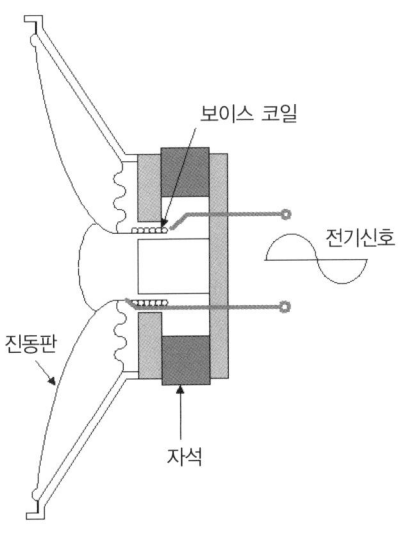

그림 54는 일반적인 스피커의 구조를 나타낸 그림이다. 스피커는 자석과 코일로 이루어진 일종의 전자석과 같다. (초등학교 자연시간에 아마 한 번쯤은 전자석에 대한 실험을 해 본 경험이 있을 것이다.) 전자석은 전기를 가함에 따라서 극성이 바뀌어서 +극이 되기도 하고 -극이 되기도 한다. 그리고 자석의 근처에 위치하게 되면 극성에 따라서 같은 극성일 때는 밀어 내고 반대의 극성일 때는 잡아 당기게 된다. 따라서 위의 그림에서는 +전기신호가 되면 코일을 밀어내고 - 전기신호가 되면 코일을 잡아당겨서 진동판을 울리게 되는 것이다.

그렇다면 그림 54의 오른쪽과 같은 전기신호가 가해진다면 스피커는 어떻게 동작하게 될까? 코일을 밖으로 계속 밀어냈다가 원래의 위치로 돌아왔다가 계속 잡아당겼다가 다시 제자리로 돌아오는 일을 하게 될 것이다. 이렇게 진동판이 떨리면 공기가 진동하게 되고 우리의 귀는 이 공기의 진동을 듣게 되는 것이다. 여기서 중요한 것은 우리가 보고 있는 그림 55의 Waveform 그래프에서 위아래로 흔들리는 움직임은 스피커가 앞뒤로 움직이는 변위이며 공기의 진동도 마찬가지로 앞뒤로 진동한다는 사실이다.

그렇다면 우리가 지금까지 실험을 한 것처럼 1과 0이라는 신호, 즉 0V와 5V의 신호를 스피커에 보낸다면 스피커는 어떻게 동작할까? 스피커는 최대한 진동판을 밖으로 밀어냈다가 원래 위치로 돌아오기를 반복하게 될 것이다. 이와 같은 파형이 신디사이저에서는 사각파(Square wave)와 비슷하다. 다만 사각파와의 차이는 사각파는 진동판을 밖으로 밀어냈다가 바로 진동판을 최대한 잡아 당기는 성격의 파형이다(그림 55 참고).

또한 위로 올라갔을 때와 아래로 내려왔을 때의 시간의 비율을 Pulse Width(펄스 폭), 또는 Duty Ratio(듀티비)라고 하여 이 비율이 바뀜에 따라서 소리의 밝기에도 변화가 생긴다. 그리고 0과 5V 사이를 진동하는 경우는 Pulse Width의 변화에 따라서 음량의 변화도 생기게 된다.

이와 같은 성질을 이용하여 아두이노에 피에조를 연결하여 간단한 음악을

그림 55 0과 5V의 진동(상단)과 −5V와 5V의 진동(하단)

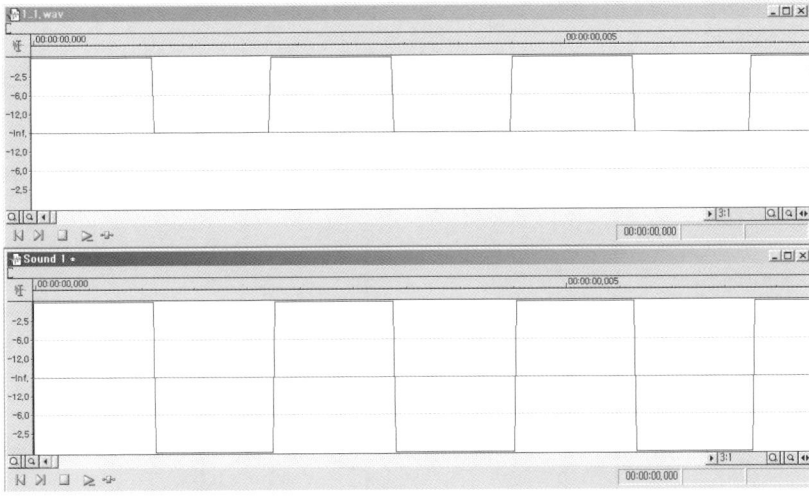

하나 연주해 보도록 하자.

하드웨어 구성

하드웨어 구성은 아주 간단하다. 피에조의 빨간색 케이블을 아두이노의 디지털 포트 중 하나에 연결하고(여기서는 7번 포트를 사용하기로 하자) 남은 검은색 케이블을 GND에 연결한다(그림 56 참고). 이번에는 하드웨어 구성이 너무나 단순하다.

그림 56 실험을 위한 아두이노와 피에조의 연결

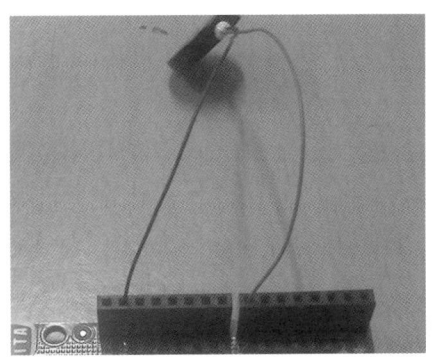

회로도 10 아두이노와 피에조의 연결

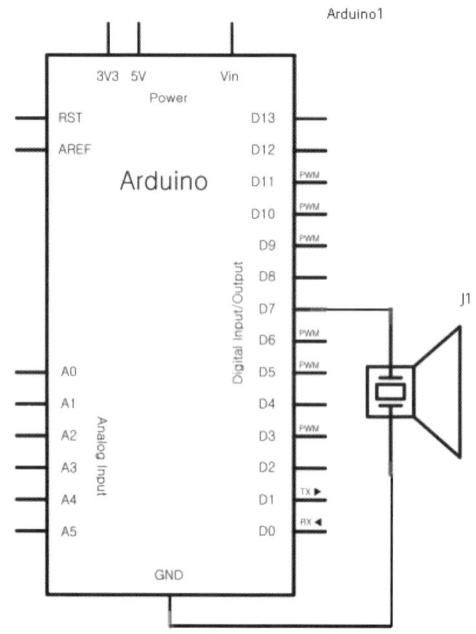

아두이노 프로그래밍

이제 아두이노 프로그래밍을 통하여 소리를 내는 일이 남았다. 우리가 만들려고 하는 소리는 표준 A음이라고 불리는 440Hz(헤르츠)의 음이다. 440Hz라는 것은 1초에 440번 진동하는 것을 의미하며 한 번 진동하는데 걸리는 시간은 1/440(0.0022727272…)초이다. 이것은 2.272727…ms(밀리초)에 해당하며 2272.7272 μs(마이크로초)에 해당한다.

> **Tip**
>
> 1/1000초 = 1밀리초
> 1/1000밀리초 = 1마이크로초

즉, 2273㎲(반올림한 값)이라는 짧은 시간동안 1과 0이 한 번 반복되는 것이고 1137㎲동안 1, 1137㎲과 0을 번갈아가면서 반복하여 출력하면 표준 A에 해당하는 440Hz의 음을 만들어 낼 수 있다.

이것을 코드화하면 다음과 같다.

```
void setup(){
  pinMode(7,OUTPUT);
}

void loop(){
  digitalWrite(7,1);
  delayMicroseconds(1137);
  digitalWrite(7,0);
  delayMicroseconds(1137);
}
```

여기서 새로 등장한 명령어로 delayMicroseconds(1137);이라는 명령어가 있는데 지금까지 우리가 사용했던 delay(…);라는 명령어가 ms(밀리초)만큼 지연시키는 명령어였다면 delayMicroseconds(…);라는 명령어는 마이크로초만큼 지연시키는 명령어이다. 따라서 이 프로그램을 컴파일하고 다운로드하여 실행하면 7번 포트로 1을 출력(+5V를 출력)하고 1137㎲만큼 유지한다. 그리고 7번 포트로 0을 출력(Gnd)하고 1137㎲의 시간을 유지한다. 이렇게 하면 2273㎲를 주기로 하는 펄스가 만들어 지게 된다.

그림 57에는 각 음정별로 주파수와 주기(Period)를 나타내었다. 이것을 참고로 여러분이 내고자 하는 음정을 만들어 보도록 하자. 만약 '학교종이 땡땡땡'을 연주하고자 한다면 솔, 라, 미의 주기에 대한 정보를 찾아야 할 것이다.

그림 57 각 음정별 주파수와 주기

MIDI number		Note name	Keyboard	Frequency Hz		Period ms	
21	22	A0		27.500	29.135	36.36	34.32
23		B0		30.868		32.40	
24	25	C1		32.703	34.648	30.58	28.86
26	27	D1		36.708	38.891	27.24	25.71
28		E1		41.203		24.27	
29	30	F1		43.654	46.249	22.91	21.62
31	32	G1		48.999	51.913	20.41	19.26
33	34	A1		55.000	58.270	18.18	17.16
35		B1		61.735		16.20	
36	37	C2		65.406	69.296	15.29	14.29
38	39	D2		73.416	77.782	13.62	12.86
40		E2		82.407		12.13	
41	42	F2		87.307	92.499	11.45	10.81
43	44	G2		97.999	103.83	10.20	9.631
45	46	A2		110.00	116.54	9.091	8.581
47		B2		123.47		8.099	
48	49	C3		130.81	138.59	7.645	7.216
50	51	D3		146.83	155.56	6.811	6.428
52		E3		164.81		6.068	
53	54	F3		174.61	185.00	5.727	5.405
55	56	G3		196.00	207.65	5.102	4.816
57	58	A3		220.00	233.08	4.545	4.290
59		B3		246.94		4.050	
60	61	**C4**		**261.63**	277.18	**3.822**	3.608
62	63	D4		293.67	311.13	3.405	3.214
64		E4		329.63		3.034	
65	66	F4		349.23	369.99	2.863	2.703
67	68	G4		392.00	415.30	2.551	2.408
69	70	**A4**		**440.00**	466.16	**2.273**	2.145
71		B4		493.88		2.025	
72	73	C5		523.25	554.37	1.910	1.804
74	75	D5		587.33	622.25	1.703	1.607
76		E5		659.26		1.517	
77	78	F5		698.46	739.99	1.432	1.351
79	80	G5		783.99	830.61	1.276	1.204
81	82	A5		880.00	932.33	1.136	1.073
83		B5		987.77		1.012	
84	85	C6		1046.5	1108.7	0.9556	0.9020
86	87	D6		1174.7	1244.5	0.8513	0.8034
88		E6		1318.5		0.7584	
89	90	F6		1396.9	1480.0	0.7159	0.6757
91	92	G6		1568.0	1661.2	0.6378	0.6020
93	94	A6		1760.0	1864.7	0.5682	0.5363
95		B6		1975.5		0.5062	
96	97	C7		2093.0	2217.5	0.4778	0.4510
98	99	D7		2349.3	2489.0	0.4257	0.4018
100		E7		2637.0		0.3792	
101	102	F7		2793.0	2960.0	0.3580	0.3378
103	104	G7		3136.0	3322.4	0.3189	0.3010
105	106	A7		3520.0	3729.3	0.2841	0.2681
107		B7		3951.1		0.2531	
108		C8		4186.0		0.2389	

그림 57에서 4번째 옥타브의 솔(G4), 라(A4), 미(E4)에 대한 주기를 찾으면 표 2와 같다. 그럼 표 2를 참고하여 '학교 종이 땡땡땡'의 앞소절을 연주해 보자.

표 2 음높이별 주기

음높이	주기(ms)	주기(us)	1과 0의 지연시간
G4	2.551	2551	1276
A4	2.273	2273	1137
E4	3.034	3034	1517

코드 08 '학교 종이 땡땡땡' 연주

```
void setup(){
  pinMode(7,OUTPUT);
}
void loop(){
  for(long i=0; i<1000000 ; i=i+2552){
  digitalWrite(7,1);  delayMicroseconds(1276);
  digitalWrite(7,0);  delayMicroseconds(1276);
  }                         //sol
  delay(100);
  for(long i=0; i<1000000 ; i=i+2552){
  digitalWrite(7,1);  delayMicroseconds(1276);
  digitalWrite(7,0);  delayMicroseconds(1276);
  }                         //sol
  delay(100);
  for(long i=0; i<1000000 ; i=i+2274){
  digitalWrite(7,1);  delayMicroseconds(1137);
  digitalWrite(7,0);  delayMicroseconds(1137);
  }                         //la
  delay(100);
  for(long i=0; i<1000000 ; i=i+2274){
  digitalWrite(7,1);  delayMicroseconds(1137);
  digitalWrite(7,0);  delayMicroseconds(1137);
  }                         //la
  delay(100);
  for(long i=0; i<1000000 ; i=i+2552){
  digitalWrite(7,1);  delayMicroseconds(1276);
  digitalWrite(7,0);  delayMicroseconds(1276);
  }                         //sol
  delay(100);
  for(long i=0; i<1000000 ; i=i+2552){
  digitalWrite(7,1);  delayMicroseconds(1276);
  digitalWrite(7,0);  delayMicroseconds(1276);
  }                         //sol
```

```
  delay(100);
  for(long i=0; i<2000000 ; i=i+3034){
  digitalWrite(7,1);   delayMicroseconds(1517);
  digitalWrite(7,0);   delayMicroseconds(1517);
  }                          //mi
  delay(100);
}
```

처음 프로그램과 달라진 점이 있다면 음정을 만들어 내는 digitalWrite(7,1); delayMicroseconds(1137); digitalWrite(7,0); delayMicroseconds(1137);가 for(long i= 0; i〈1000000 ; i=i+2552){…} 안으로 들어갔다는 것인데 이 부분을 해석하면 다음과 같다.

```
for(long i=0; i<1000000 ; i=i+2552){
  digitalWrite(7,1);   delayMicroseconds(1276);
  digitalWrite(7,0);   delayMicroseconds(1276);
  }                          //sol
  delay(100);
```

for(long i=0; i〈1000000 ; i=i+2552){

i 라는 변수를 지금까지 사용해왔던 int 대신 long이라는 형식의 변수를 선언했다. int가 -32,768 ~ 32,767의 값을 사용할 수 있는 형식인 반면 long이라는 형식의 변수는 -2,147,483,648 ~ 2,147,483,647의 큰 값까지 사용할 수 있다. 여기서 사용하는 i라는 변수는 1,000,000이라는 값을 저장해야 하는데, int형 변수로는 담을 수가 없다. 그렇기 때문에 long 형식의 변수를 사용해야 하는 것이다.

이제 for문을 한 번 실행할 때마다 i가 1,000,000보다 작은지 확인하고, 작다면 digitalWrite(7,1); delayMicroseconds(1276); digitalWrite(7,0); delayMicroseconds(1276);를 실행하여 한 번의 진동을 만든다. 그리고 i라는 변수에 2552를 더해서 1,000,000보다 작은지를 비교하게 된다. i를 시간을 재는 타이머처럼 사용한 것으로 한 번 진동할 때마다 2552μs만큼씩을 더해가는 방식이다. i가 1,000,000보다 커지는 순간은 1초가 넘어가는 순간이며, 이때는 for문을 벗어나서 다음 명령을 수행하게 된다. 즉 1초 동안 음을 지속하는 역할을 한다.

따라서 위의 코드를 입력하고 컴파일 후, 아두이노에 다운로딩을 하면 피에조에서 '솔', '솔', '라', '라', '솔', '솔', '미' 가 연주될 것이다.

Note 변수형

앞선 실험들에서 변수를 사용할 때 'int time=100;'과 같이 아무런 의심 없이 int라는 단어를 변수 이름 앞에 붙여서 사용했었다. 이와 같이 변수 이름 앞에 붙는 단어를 변수형이라고 하며 그 변수의 종류를 정하는 역할을 한다. 변수형을 이용하여 변수의 종류를 정하는 것은 그 변수에 담을 수 있는 변수의 크기나 종류를 정하는 것을 의미한다.

일반적으로 통용되는 변수형은 꽤 다양한데 여기서는 우리가 지금까지 계속 사용했던 int라고 하는 변수형과 이번 실험에서 새로 등장한 long 이라고 하는 변수형에 대해서 설명을 할 것이다.

int : 정수(Integer)를 담을 수 있는 변수로 사용하겠다는 것을 의미하며 int가 붙은 정수형의 변수는 -32,768부터 32,767까지의 정수를 담을 수 있다. 3.14와 같은 소수는 3이라는 정수로 담긴다. 이것은 3.4절 가변저항으로 FND 켜기 실험에서 이미 경험했었다. 만약 3.14와 같은 실수를 담는 변수를 사용하고자 한다면 int가 아니라 float이라는 변수형을 사용하면 된다.

long : long은 Long Integer에 해당하는 것으로 int형 변수보다 훨씬 큰 정수를 담을 수 있는 변수로 사용하겠다는 것을 의미한다. long형 변수는 -2,147,483,648부터 2,147,483,647의 정수를 담을 수 있다.

이외에도 char, float, double, signed, unsigned 등 다양한 변수형이 있는데 이 책에서는 다루지 않는 변수형이다. 변수형에 대해서 더 알고 싶다면 프로그래밍과 관련된 서적을 읽어보길 바란다.

> **Tip**
>
> 인터랙티브 뮤직의 구현은 센서로부터 데이터를 읽어오고 그 값을 가공하여 MIDI 신호로 출력하는 정도의 프로세스를 하게 된다. 이를 위해서 다루게 될 변수는 대부분 int로 충분하며 센서로부터 읽어온 데이터를 가공함에 있어 정교한 처리를 하고 싶을 경우에는 float 정도의 변수형을 사용하게 될 것이다.

3.6 스위치로 음높이 변화주기

목표

스위치를 눌러 소리가 나는 실험을 통해 건반이 달린 전자악기의 기본적인 구성을 경험해 본다. 이번에는 5개의 스위치를 아두이노의 포트 2번부터 6번에 연결하고 이 5개의 스위치를 누를 때 각각 다른 음정이 연주되게 하는 실험을 하고자 한다.

하드웨어 구성

하드웨어는 이미 우리가 배우고 익혔던 스위치와 피에조의 연결이 전부이다. 2번부터 6번까지는 스위치를 연결하고 7번에는 피에조를 연결하도록 하자(그림 58 참고).

그림 58 하드웨어의 연결

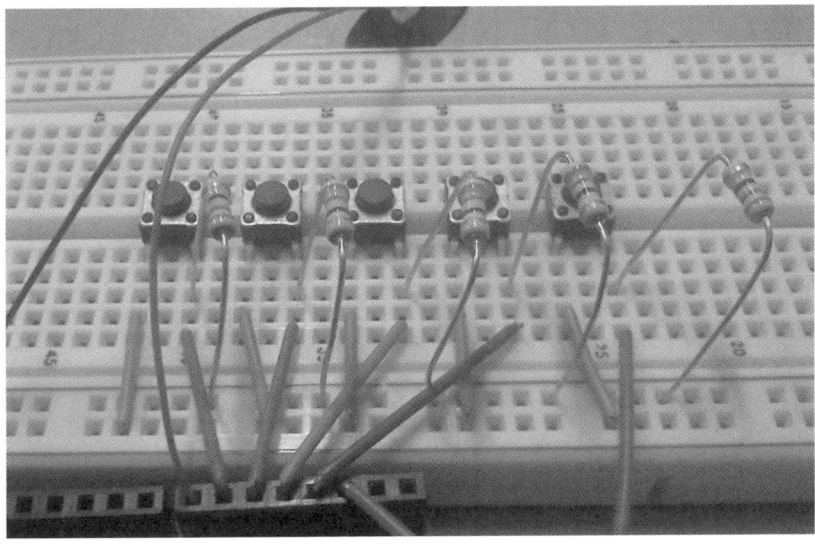

회로도 11 스위치로 음높이기 변화 주기

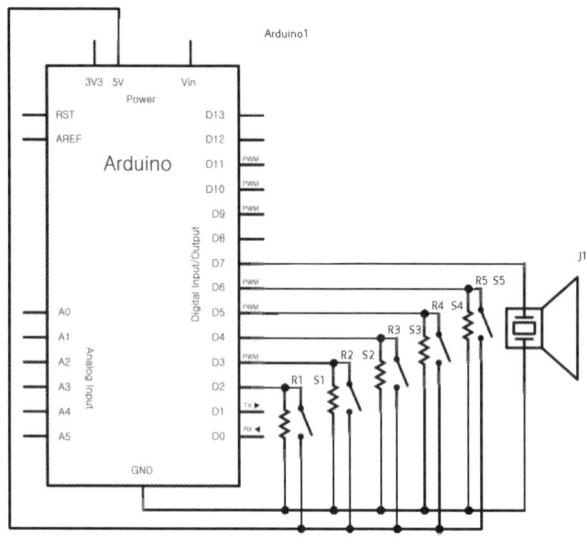

아두이노 프로그래밍

아두이노 프로그래밍 역시 지금까지 우리가 사용했던 코드들을 활용해서 쉽게 구현할 수 있다. 우선 setup() 함수에서 2번부터 6번까지는 INPUT으로, 7번 포트는 OUTPUT으로 설정하도록 한다.

```
void setup(){
  pinMode(2,INPUT);
  pinMode(3,INPUT);
  pinMode(4,INPUT);
  pinMode(5,INPUT);
  pinMode(6,INPUT);
  pinMode(7,OUTPUT);
}
```

loop() 함수에서는 2번부터 6번까지의 스위치가 눌렸는지를 확인한다. 만약 눌렀다면 그에 해당하는 함수(또는 서브 함수이라고도 한다)가 실행되게끔 한다.

```
void loop(){
  if(digitalRead(2)==1){sol();}
  if(digitalRead(3)==1){la();}
  if(digitalRead(4)==1){Do();}
  if(digitalRead(5)==1){re();}
  if(digitalRead(6)==1){mi();}
}
```

이제 각각의 함수들을 만들도록 한다. loop() 함수에서 2번 포트와 연결된 스위치가 눌렸을 때는 '솔' 이라는 음을, 3번 포트와 연결된 스위치가 눌렸을 때는 '라' 라는 음을, 4번 포트와 연결된 스위치가 눌렸을 때는 '도' 라는 음을, 5번 포트와 연결된 스위치가 눌렸을 때는 '레' 라는 음을, 6번 포트와 연결된 스위치가 눌렸을 때는 '미' 라는 음을 내도록 설계하였다.

솔과 라는 이미 앞선 실험에서 사용했던 코드를 그대로 사용하고 도, 레, 미에 대해서는 그림 57을 참고하여 딜레이 시간을 계산하도록 한다(솔, 라, 도, 레, 미를 선택한 이유는 5음계에 해당하므로 하다못해 'Mo´ better Blues' 라도 연주할 수 있도록 하기 위함이다). 또한 Do함수를 do가 아닌 Do로 이름을 지은 이유는 do는 이미 아두이노에 내장된 명령어라서 함수 이름으로 쓸 수 없기 때문이다.

Tip

아두이노 소프트웨어에서 명령어(예: analogRead, delay, if, …)나 변수형(예: int, long, float, …)이 사용하고 있는 이름들은 변수 이름으로 사용할 수 없다. (http://arduino.cc/en/Reference에 명시된 명령어들은 사용할 수 없으니 참고하길 바란다.)

이제 각각의 함수를 만들면 다음과 같다.

```
void sol(){
  digitalWrite(7,1);   delayMicroseconds(1276);
```

```
    digitalWrite(7,0);   delayMicroseconds(1276);
  }
void la(){
  digitalWrite(7,1);   delayMicroseconds(1137);
  digitalWrite(7,0);   delayMicroseconds(1137);
}
void Do(){
  digitalWrite(7,1);   delayMicroseconds(955);
  digitalWrite(7,0);   delayMicroseconds(955);
}
void re(){
  digitalWrite(7,1);   delayMicroseconds(852);
  digitalWrite(7,0);   delayMicroseconds(852);
}
void mi(){
  digitalWrite(7,1);   delayMicroseconds(759);
  digitalWrite(7,0);   delayMicroseconds(759);
}
```

전체 코드는 다음과 같다.

코드 09 5개의 음계를 갖는 스위치

```
void setup(){
  pinMode(2,INPUT);
  pinMode(3,INPUT);
  pinMode(4,INPUT);
  pinMode(5,INPUT);
  pinMode(6,INPUT);
  pinMode(7,OUTPUT);
}

void loop(){
  if(digitalRead(2)==1){sol();}
  if(digitalRead(3)==1){la();}
  if(digitalRead(4)==1){Do();}
  if(digitalRead(5)==1){re();}
  if(digitalRead(6)==1){mi();}
}

void sol(){
  digitalWrite(7,1);   delayMicroseconds(1276);
  digitalWrite(7,0);   delayMicroseconds(1276);
  }
void la(){
```

```
    digitalWrite(7,1);   delayMicroseconds(1137);
    digitalWrite(7,0);   delayMicroseconds(1137);
  }
  void Do(){
    digitalWrite(7,1);   delayMicroseconds(955);
    digitalWrite(7,0);   delayMicroseconds(955);
  }
  void re(){
    digitalWrite(7,1);   delayMicroseconds(852);
    digitalWrite(7,0);   delayMicroseconds(852);
  }
  void mi(){
    digitalWrite(7,1);   delayMicroseconds(759);
    digitalWrite(7,0);   delayMicroseconds(759);
  }
```

이 코드를 컴파일하고 다운로드한 후 5개의 스위치를 눌러서 원하는 음이 연주되는지 확인해 보자.

실습 과제 11
5개의 스위치를 이용하여 5음계를 이용한 음악을 하나 연주해 보고 나만의 스케일을 연주할 수 있도록 5개의 스위치에 서로 다른 음정을 다시 배치해 보자.

3.7 가변저항으로 음높이 변화주기(간단하게 테레민 구현하기)

목표

가변저항을 이용하여 음정의 변화를 만들어 보고 음량을 변화시키는 원리를 파악한다.

아주 먼 옛날, 그러니까 1924년에 러시아의 음향 물리학자인 레온 테레민이라는 사람이 그림 59와 같은 악기를 만들었으니 이름하여 테레민(Theremin)이라는 악기이다.

그림 59 테레민(Theremin)을 연주하고 있는 레온 테레민

테레민은 그림 59에서 보는 것과 같이 두 개의 안테나가 있다. 위로 뻗어있는 안테나에 손을 가까이 가져가면 음정이 올라가고, 안테나에서 손이 멀어지면 음정도 낮아진다. 또한 왼쪽에 위치한 동그란 안테나는 손의 위치에 따라 음량을 조절할 수 있다. 우리는 이번 실험에서 두 개의 가변저항을 이용하여 테레민과 비슷한 장치를 만들어 보고자 한다. (만약 여러분이 적외선 센서나 근접 센서 같은 것을 가지고 있다면 실제로 손의 위치에 따라서 음정과 음량을 제어할 수 있는 악기를 만들 수 있을 것이다.)

하드웨어 구성

앞선 가변저항 실험에서 구성했던 것처럼 Analog In 0번과 1번 포트에 각각 가변저항을 하나씩 연결하고 피에조를 Digital I/O 7번 포트에 연결하면 그림 60과 같이 된다(회로도 12).

그림 60 하드웨어 구성

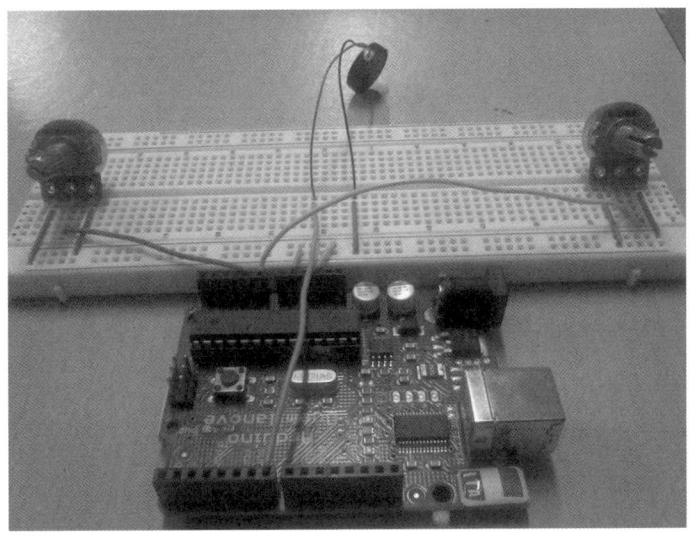

회로도 12 가변저항으로 음높이 변화주기

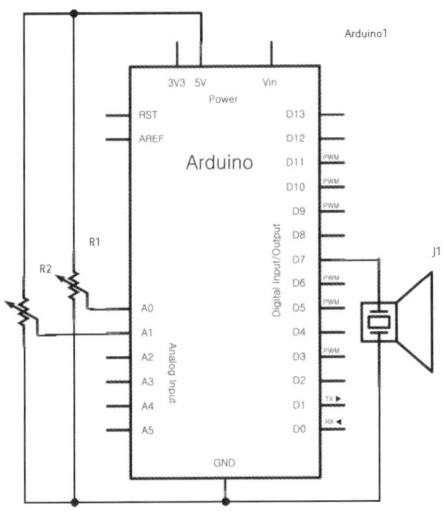

아두이노 프로그래밍

여기서는 음정을 조정하는 단계와 음량을 조정하는 두 단계로 설명을 하겠다.

우선 ANALOG In 0번 포트와 연결된 오른쪽 가변저항을 움직였을 때 음정이 A4에서 C8 이상까지 변화가 되게끔 프로그램을 만들어 볼 것이다.

Step1〉 음정의 조정

A4의 경우 1137μs만큼 1, 그리고 1137μs만큼 0이 되는 것을 반복하고, 반복되는 시간이 짧아질수록 음정은 점점 올라가게 된다. 따라서 Analog In 0번 포트로부터 읽어 오는 값의 범위가 0~1023까지이므로 지연되는 시간을 1137에서 Analog In에서 읽어온 값을 빼면 음정이 점점 올라가게 된다. 이것을 코드로 만들면 다음과 같다.

```
int pitch=0;
void  setup(){
  pinMode(7,OUTPUT);
}

void loop(){
  pitch = 1136 - analogRead(0);
  digitalWrite(7,1);
  delayMicroseconds(pitch);
  digitalWrite(7,0);
  delayMicroseconds(pitch);
}
```

코드에서 보이듯이 pitch 값은 1136에서 113(1136-1023)까지 변하며 다시 말해서 A4에서부터 C8 이상의 음정까지 표현할 수 있게 된다. 정상적으로 동작하는지를 확인하기 위하여 컴파일과 다운로드를 한 후 동작을 확인해 보자.

Step2〉 음량의 조정

앞서 사각파(Square Wave)와 현재 우리가 사용하고 있는 펄스(pulse)를 비교하면서 사각파의 경우는 +최대 전압과 - 최대 전압을 교대로 움직이는 반면, 현재 우리가 사용하는 펄스는 +최대 전압(+5V)과 0V 사이를 움직인다고 이야기 했었다. 이것은 곧 +5V일 때는 전원이 공급되서 피에조가 일을 하지만 0V일 때는 피에조에 전원이 공급되지 않기 때문에 피에조가 일을 하지 않는 것을 의미한다. 이런 점을 이용하여 +5V일 때의 지속시간과 0V일 때의 지속시간의 비율을 조절하여 음량을 조절할 수 있게 된다. 현재까지는 이 비율이 1:1이었으나 이 비율이 1:5가 되거나 1:10이 된다면 음량은 점점 줄어들게 될 것이다.

이와 같은 구현을 정교하게 하자면 약간은 복잡한 수식을 익혀야 하기에 여기에서는 간단한 방법으로 구현을 하고자 한다.

오른쪽 가변저항을 제일 왼쪽으로 돌렸을 때의 지연시간은 $1136\mu s$이다. $1136\mu s$만큼 1, 그리고 또 1136us만큼 0이라는 값을 출력하게 된다. 이것은 주기가 2272(1136+1136)라는 의미이다.

그래서 여기서는 1이 되는 시간은 'Analog In 1번 포트에서 읽어온 값÷10'으로 한다. 그리고 0이 되는 시간은 '2×pitch-(Alalog In 1번 포트에서 읽어온 값÷10)'을 사용할 것이다.

Analog In 1번 포트에서 읽어온 값을 10으로 나누는 이유는 pitch 값이 1136부터 113까지 변하기 때문에 이 값을 뺐을 때 음수가 발생하여 오류가 생기지 않게 하기 위함이다.

이것을 코드로 만들면 다음과 같다.

```
int pitch=0;
int amp=0;
void  setup(){
  pinMode(7,OUTPUT);
}

void loop(){
  pitch = 1136 - analogRead(0);
  amp=analogRead(1)/10;
  digitalWrite(7,1);
  delayMicroseconds(amp);
  digitalWrite(7,0);
  delayMicroseconds(2*pitch-amp);
}
```

달라진 점은 amp라는 변수를 하나 더 만들어서 Analog In 1번 포트로부터 읽어온 값을 10으로 나눈 값을 저장했고 1을 출력하는 시간을 amp만큼, 그리고 0을 출력한 시간을 '(2×pitch-amp)' 만큼으로 수정한 것이다.

이제 파일을 컴파일하고 아두이노에 다운로드한 후 정상적으로 동작하는지 확인해 보도록 하자.

여기까지 우리는 아두이노와 친해지기 위한 다양한 실습들을 마쳤다. 다음 장부터는 아두이노와 신디사이저, 아두이노와 컴퓨터를 연결하는 방법들과 MIDI 통신을 하는 방법들에 대하여 다루어 볼 것이다. 이를 통하여 인터랙티브 뮤직의 구현을 위한 기법을 익힐 수 있다.

4장

Arduino for **Interactive Music**

시리얼 송신 연습

지금까지 우리는 아두이노의 기본적인 사용법에 대해 익혔다. 여기서 기억해야 할 중요한 사실이 하나 있다. 아두이노를 공부한 이유가 현실의 다양한 정보를 받아서 음악적 의미를 갖는 데이터로 가공하기 위해서라는 것이다.

이번 장부터는 인터랙티브 뮤직이나 컴퓨터 음악에서 사용하는 신디사이저를 비롯한 다양한 음악 장비들과 소통(커뮤니케이션)하는 방법인 시리얼 통신과 컴퓨터 음악에서의 커뮤니케이션 표준 규격인 MIDI(Musical Instrument Digital Interface) 신호를 다루는 방법에 대해서 배우게 된다.

MIDI라는 표준 규격이 정해지기 전에는 각 전자악기 회사마다의 고유한 통신 규격을 사용했기 때문에 서로 다른 회사의 제품끼리는 통신이 거의 불가능했다. 그래서 만약 하나의 신디사이저, 또는 센서로부터 다른 신디사이저를 제어하기 위해서는 제어하고자 하는 신디사이저의 하드웨어에 대한 공부까지 했어야 했다. 그런데 1983년, 전자악기 회사들이 모여서 전자악기들이 소통하기 위한 표준 규격을 만들었고 그것이 바로 MIDI라는 규격이다. (이 책에서는 MIDI 규격에 대한 설명을 간단하게 하기 때문에 보다 자세한 MIDI 규격에 대해서 알고 싶다면 MIDI Implementation에 대한 서적을 참고

하기 바란다.)

따라서 우리는 MIDI라는 세계 표준을 이용하여 보다 쉽게 인터랙티브 뮤직을 구현할 수 있다. 예를 들어 습도 센서를 이용하여 현재 습도를 아두이노에서 읽어 오면 이 값을 MIDI 신호로 변환하여 신디사이저에 보낼 수 있다. 습도의 변화에 따라서 음악이나 음향에 변화가 생기게 될 것이다.

MIDI 신호는 시리얼(Serial) 통신 방식을 따르고 있다. 그래서 이번 장에서는 일반적인 시리얼 통신을 이용하여 아두이노와 PC 사이의 통신 방법을 배운다. 그리고 MIDI라는 규격을 이용하여 아두이노와 신디사이저가 통신을 하는 방법에 대해서 다루도록 할 것이다.

4.1 시리얼 통신 이해하기

시리얼 통신은 그대로 번역하자면 직렬(Serial : 시리얼) 통신으로 병렬(Parallel : 패러럴) 통신과 대조된다. 디지털 세계에서는 모든 것이 1과 0으로 표현된다. 때문에 5라는 값을 표현하면 0101이라는 신호가 된다. 이때 이 신호를 병렬로 보낸다고 하면 4개의 포트를 통해서 각각 0, 1, 0, 1이라는 신호를 내보내는 방법을 사용하게 된다. 만약 직렬 통신을 통해서 신호를 내보내려면 순서대로 0을 내보내고, 1을 내보내고, 0을 내보내고, 1을 내보내는 방식을 사용하게 된다. 이와 같이 병렬 통신 방식이라면 포트가 여러 개 필요하지만 직렬 통신에서는 포트 1개를 이용하여 다양한 정보를 내보내게 된다. (이것은 가장 단순한 직렬 통신일 경우이며 경우에 따라서는 여러 개의 포트를 사용하여 다양한 기능을 부여하기도 한다. 하지만 이 책에서는 MIDI 통신 정도의 시리얼 통신을 다루므로 이 정도의 단순한 시리얼 통신만을 다루도록 할 것이다.)

우리가 알고 있는 시리얼 통신으로는 USB(Universal Serial Bus, 약자를 보면 시리얼 방식임을 알 수 있다)나 네트워크를 구성하는 이더넷(Ethernet), 그리

그림 61 패러럴 통신과 시리얼 통신의 신호 전송 방식

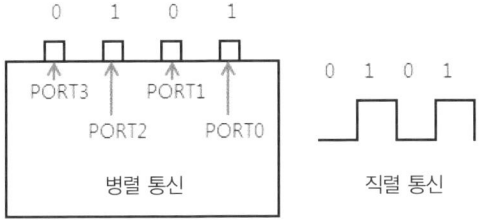

고 우리가 다루게 될 MIDI가 있으며 패러럴 통신으로는, 요즘은 찾기 어렵지만, 프린터 포트가 대표적인 패러럴 통신에 해당된다.

시리얼 통신에서 알아두어야 할 것은 신호를 보내는 포트(Transmit Port-Tx)와 받는 포트(Receive Port-Rx)가 구분된다는 것(MIDI의 In 단자와 Out 단자가 구분되는 것과 같은 이치이다)과 통신을 시작하기 전 통신을 위한 속도를 서로 약속해야 한다는 것이다. 이 속도를 나타내는 단위로 Baud Rate(보 레이트)라는 것을 사용하며 컴퓨터와 아두이노가 통신을 할 때는 9600baud라는 속도를, 그리고 MIDI 통신에서는 31250baud를 사용하게 된다.[5]

4.2 시리얼 출력 : 모니터에 메시지 띄우기

아두이노와 컴퓨터가 USB 케이블로 연결되었을 때 할 수 있는 일은 다음과 같이 두 가지가 있다.

1. 아두이노로 프로그램 다운로드
2. 컴퓨터와 아두이노 간의 시리얼 통신

---

5 이 책은 입문자를 위해 최대한 쉬운 설명을 추구하므로 baud rate를 계산하는 방법은 설명하지 않는다.

이중에서 '아두이노로 프로그램 다운로드'는 앞의 실험에서 이미 여러 번 경험했었고 이번 실험에서는 두 번째 용도인 '컴퓨터와 아두이노 간의 시리얼 통신' 실험을 해보자.

이제 시리얼 통신 기능을 이용하여 아두이노가 1초에 한번씩 PC로 메시지를 보내는 프로그램을 만들어 보자. 여기서는 별다른 하드웨어 구성은 필요 없으며 다만 아두이노와 컴퓨터가 USB 케이블로 연결되어 있으면 된다.

자, 그럼 프로그램을 시작해 보자. 코드는 다음과 같다.

코드 10 시리얼 통신 전체 코드

```
void setup(){
  Serial.begin(9600);
}

void loop(){
  Serial.println("Hello, My name is Arduino.");
  delay(1000);
  Serial.println("How do you do?");
  delay(1000);
  Serial.println("What`s your name?");
  delay(1000);
}
```

```
Serial.begin(9600);
```

처음 void setup() 함수에서는 시리얼 통신을 할 것이며, 그 속도는 9600baud로 하겠다는 설정을 하였다.

이렇게 시리얼 설정을 하게 되면 아두이노의 DIGITAL I/O 0번 포트는 시리얼 수신(Rx)으로, 1번 포트는 시리얼 송신(Tx)으로 설정이 된다. 또한 이 두 포트는 아두이노 내부의 USB 포트와 연결이 되어 있어 PC와도 통신을 하게 된다.

```
Serial.println("Hello, My name is Arduino.");
```

void loop() 함수에서는 Serial.println이라는 명령을 이용하여 문자열 ("Hello, My name is Arduino."와 같은 문장이 문자열이다)을 시리얼 포트로 송신하게 하였다. 그리고 delay(1000); 명령을 통하여 1초의 시간을 지연시키고 다음 문자열인 "How do you do?"를 PC로 전송하게 하였다. (println은 printline의 의미로 l와 혼동하지 않도록 주의하자.)

이제 컴파일을 하고 아두이노에 프로그램을 다운로드하자.

그런데 아무런 반응도 보이지 않는 건 왜일까? 아두이노가 PC로 보내고 있는 정보를 볼 수 있는 소프트웨어를 실행시키지 않았기 때문이다. 개발자들이 사용하는 거창한 시리얼 통신 소프트웨어도 있지만 아두이노 소프트웨어는 시리얼 통신 정보를 화면 상에 보여주는 툴을 포함하고 있다. 이 툴을 사용하여 편하게 시리얼 통신을 확인해보자. 그림 62에서 표시한 것처럼 메뉴 상단

그림 62 시리얼 모니터 툴 아이콘

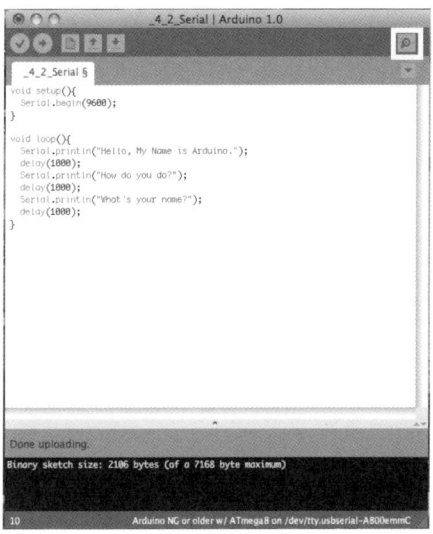

그림 63 시리얼 모니터 툴의 실행창

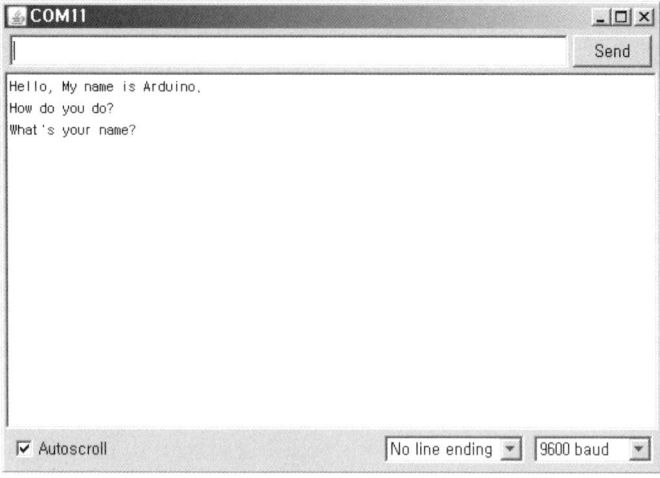

의 시리얼 모니터 아이콘을 클릭하거나 또는 메뉴의 Tools → Serial Monitor를 선택하여 시리얼 모니터 툴을 사용할 수도 있다.

시리얼 모니터 툴을 동작시키면 그림 63과 같은 창이 하나 열리면서 1초에 한 번씩 아두이노가 PC로 메시지를 보내고 있음을 확인할 수 있다.

오른쪽 하단에 보이는 것처럼 현재의 통신 속도는 9600baud로 되어 있으며 만약 이 속도를 바꾸면 메시지가 깨져서 표시될 것이다. 따라서 void setup() 함수의 Serial.begin에서 설정해준 전송속도를 함께 맞추어야 정상적인 동작을 확인할 수 있다.

Tip

Serial.println과 유사한 명령어로 Serial.print라는 명령이 있다. Serial.println의 경우는 명령을 수행하고 한 줄 아래로 내리는 줄바꿈 동작을 수행하고, Serial.print는 줄바꿈을 하지 않는다. 코드 중의 몇몇 Serial.println을 Serial.print로 수정하여 동작이 어떻게 바뀌는지도 확인해 보도록 하자.

4.3 시리얼 출력 : 모니터를 이용한 카운터

4.3절과 4.4절에서는 앞에서 사용했던 스위치를 이용한 실험을 하자. 이번 절에서는 스위치를 누를 때마다 스위치를 누른 횟수를 모니터에 표시해 주는 프로그램을 만들어 보자.

하드웨어 구성

하드웨어는 이미 앞에서 스위치를 구성한 적이 있으므로 2.4절 등을 참고하여 그림 64와 같이 구성을 하자(회로도 13).

그림 64 스위치의 연결

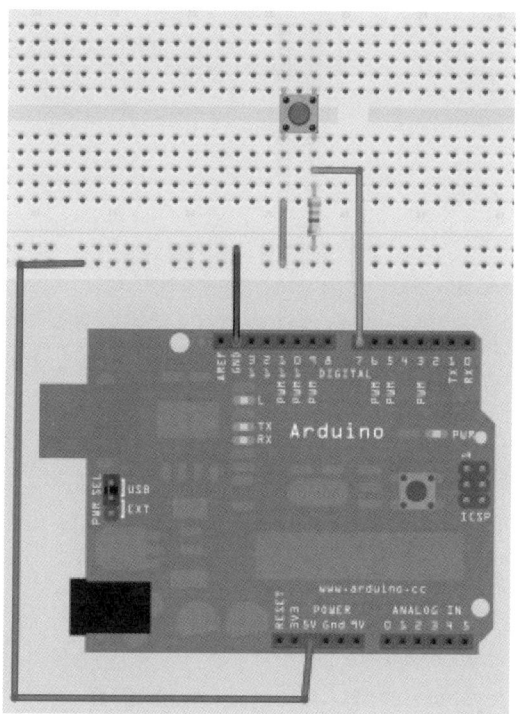

회로도 13 스위치의 연결

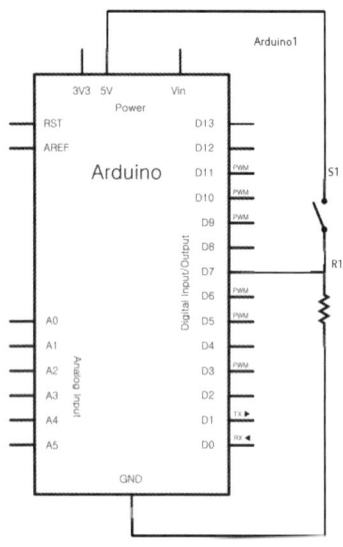

아두이노 프로그래밍

아두이노의 동작 순서는 다음과 같다.

1. sw1이라는 정수형 변수를 설정하고 초기 값은 0으로 설정.
2. void setup() 함수의 설정. : 7번 핀을 INPUT으로, 시리얼 통신 속도는 9600baud로 설정한다.
3. void loop() 프로그래밍 : 스위치가 눌러졌는가? 눌러졌다면 sw1 변수를 1만큼 증가시키고 시리얼 통신을 통해서 화면에 표시한다. 눌러지지 않았다면 아무 일도 하지 않는다.

이와 같은 순서를 프로그램으로 구성하면 다음과 같다.

코드 11 모니터를 이용한 시리얼 출력 전체 코드

```
int sw1=0;
void setup(){
  Serial.begin(9600);
  pinMode(7,INPUT);
}
void loop(){
  if(digitalRead(7)==1){
    delay(200);
    sw1=sw1+1;
    Serial.print("SW1 Count : ");
    Serial.println(sw1);
  }
}
```

여기서 스위치가 눌렸을 때 200ms만큼 지연을 시키는 이유는 아두이노가 너무 빠르게 동작하여 스위치를 잠깐 누르는 동안에도 카운트가 많이 되는 것을 방지하기 위함이다.

4.4 시리얼 출력 : 모니터를 이용한 타이머

이번에는 2.3절에서 사용한 하드웨어를 그대로 사용하되 스위치가 눌리면 10부터 0까지 1초에 한 번씩 카운트다운을 한다. 마지막에 0이 되는 순간 화면에 'FIRE!!!' 라는 문자가 표시되게끔 하는 프로그램을 만들어 보자.

아두이노 프로그래밍

코드 12 모니터를 이용한 타이머 전체 코드

```
void setup(){
  Serial.begin(9600);
  pinMode(7,INPUT);
}
void loop(){
  if(digitalRead(7)==1){
```

```
    for(int i=10;i>0;i=i-1){
      Serial.println(i);
      delay(1000);
    }
    Serial.println("FIRE!!!");
  }
}
```

이 프로그램은 굉장히 짧게 구성이 되어 있지만 if문 안에 for문이 포함되어 있어 약간은 복잡해 보이는 프로그램이기도 하다. 하지만 차근차근 살펴보면 그리 어렵지 않게 이해할 수 있다. 7번 포트에서 스위치가 눌렸는지를 확인하고, 눌렸다면 10부터 1까지를 1초에 한 번씩 PC로 전송한다. 그리고 0이 되는 순간 for문을 빠져 나와 'Fire!!!'를 PC로 전송하고 if문을 빠져 나오는 프로그램이다.

```
Serial.println(10);
Serial.println(9);
Serial.println(8);
Serial.println(7);
Serial.println(6);
Serial.println(5);
Serial.println(4);
Serial.println(3);
Serial.println(2);
Serial.println(1);
Serial.println("FIRE!!!");
```

for문 대신 이렇게 사용해도 무관하니 여러분이 편한 방법을 선택하면 된다.[6] 또한 1장에서 사용했던 가변저항을 연결하여 가변저항에서 읽어 들인 값을 PC로 전송하여 화면에 표시하는 프로그램도 짜보길 권한다.

> **Tip**
>
> Serial.println(analogRead(0));를 사용해 보면 어떨까?

---

[6] 이 글을 읽는 독자가 개발자나 프로그래머가 아니라 입문자 혹은 예술가임을 생각할 때 효율적인 코드보다는 이해할 수 있는 코드와 구현이 보다 중요하리라 생각한다.

5장

Arduino for Interactive Music

MIDI 출력

5.1 MIDI 출력 (MIDI 출력을 위한 하드웨어)

지금까지 우리는 시리얼 통신에서 데이터를 전송하기 위한 방법에 대해서 알아 보았다. 이제 시리얼 통신 중 하나인 MIDI 데이터 전송을 하는 방법에 대해서 알아보고자 한다. 아두이노가 MIDI 데이터를 전송하기 위해서는 표준 규격인 MIDI 케이블을 연결할 수 있는 하드웨어가 필요하다.

이 하드웨어는 그림 65와 같이 구성할 수 있다(회로도 14).

그림 65 MIDI 단자와 아두이노의 연결

회로도 14 MIDI 단자와 아두이노의 연결

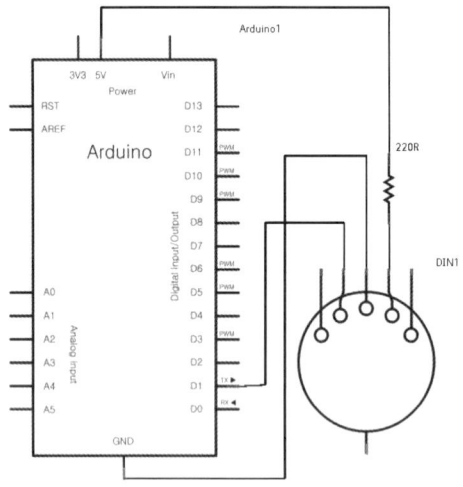

그림 65를 보면서 하드웨어를 구성하기가 어렵다면 실제로 연결한 모습인 그림 66을 참고하기 바란다.

여기서 사용된 저항은 220Ω (옴, 저항의 값을 재는 단위)이며 아두이노 스타터 키트에 포함되어 있다. 이제 하드웨어 구성이 끝났다면 아두이노를 이용하여 여러분이 가지고 있는 신디사이저, 또는 가상 악기에 MIDI 신호를 보내서 소리를 내는 실험을 해 보자.[7]

그림 66 MIDI 포트의 실제 연결

---

7 상용 소프트웨어 신디사이저나 하드웨어 신디사이저를 가지고 있지 않더라도 프리웨어 소프트웨어 신디사이저를 다운받아 실험을 할 수 있다. 맥 사용자라면 Mac OS X에 기본으로 설치되어 있는 가라지밴드(Garage Band)를 이용하여 실험이 가능하다. 윈도 사용자라면 www.hitsquad.com/smm/programs/SoundForum_Synthesizer나 www.audio-simulation.com/?page=product3에서 프리웨어의 소프트웨어 신디사이저를 다운받을 수 있다.

5.2 MIDI 연주장치 (고향의 봄)

앞서 5.1절에서 구현한 하드웨어와 MIDI 케이블을 이용하여 신디사이저, 또는 PC와 연결하여 '고향의 봄'을 연주하는 일종의 시퀀서를 구현해 보자.

MIDI 신호 약속

Cubase나 Sonar, Logic 등의 컴퓨터 음악을 만드는 시퀀싱 프로그램들은 대개 Staff View, Piano Roll View, Event List View 등의 화면을 통해서 다양한 MIDI 정보를 생성해 내거나 이미 만들어진 MIDI 정보를 확인할 수 있는 기능이 있다. 그렇다면 이렇게 만들어진 MIDI 정보는 어떻게 신디사이저로 보내지는 것일까?

그림 67은 시퀀싱 프로그램에서 표시되는 고향의 봄 멜로디의 두 마디이다. 우선 Event List를 보면 MIDI 메시지 중에서도 Note 메시지를 내보낸다는 정보

그림 67 시퀀싱 프로그램에서의 Event List와 Piano Roll View (고향의 봄)

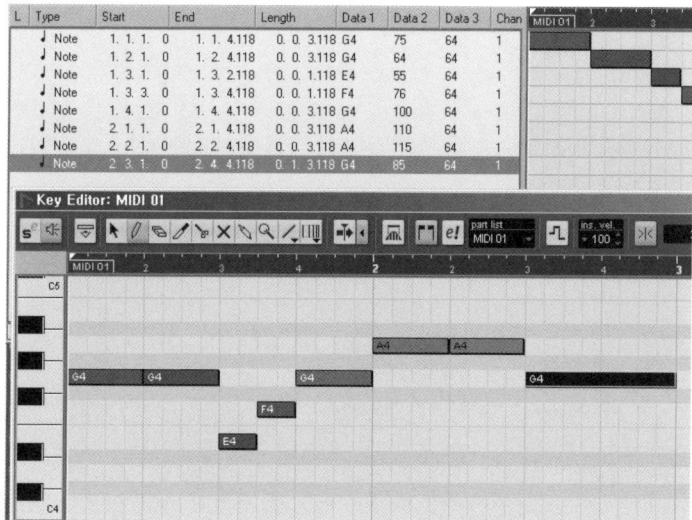

가 있다. 그 시작지점은 첫 번째 마디, 첫 번째 박자에서 솔(G4)이라는 음이고, 75라는 세기로 연주되며 그 길이는 3.118이라는 해석을 할 수 있다. 아래에 위치한 Piano Roll View에서는 G4가 한 박자, 그리고 다시 G4가 한 박자, A4가 한 박자,…처럼 연주되고 있는 것을 알 수 있다. 이것을 다시 정리하면 'G4라는 Note를 75라는 세기로 연주하고 한 박자 뒤에 건반에서 손을 뗀다.' 라는 내용의 MIDI 메시지가 된다.

그럼 이와 같은 MIDI 메시지에 대하여 조금 더 구체적으로 알아보도록 하자. MIDI라는 규격은 전자음악을 구현하기 위한 거의 모든 파라미터들을 규정하고 있는데 우리는 이중에서 신디사이저에서 건반을 누르거나 건반에서 손을 떼는 것과 같은 Note On, Note Off 메시지, 그리고 페달을 밟거나 모듈레이션 휠을 조작하는 것과 같은 컨트롤(Control) 메시지 정도에 대해서만 다룰 것이다. (Control 메시지에 대해서는 5.4절에서 설명하기로 한다.)

Note On 메시지

MIDI에서 Note를 연주하는 Note On 메시지는 총 3개의 바이트(Byte)로 구성이 되며 그 구성은 다음과 같다.

```
9x kk vv
```

약간은 난해하게 보일 수도 있지만 하나씩 차근차근 살펴보면 그리 어려운 일만은 아닐 것이다.

- 첫 번째 바이트 : 9x

MIDI 신호의 종류를 나타낸다는 의미로 스테이터스 바이트(status byte)라고 한다. 노트온(Note On) 메시지는 제일 첫 데이터가 9로 시작이 되며 x로 표시된 부분이 MIDI채널을 표시하게 된다. 그런데 'MIDI 채널은 16개의 채널까지 표현이 되는데 한 자리뿐인 x를 가지고 어떻게 16개의 채널을 모두 표시할 수 있지?' 라는 생각이 들지 않는가? 그렇다. 이 값은 우리가 흔히 사용하는 10진수(0부터 9까지를 표현하고 나면 자릿수가 하나 위로 올라가고 다시 0이 되는….)가 아니라 16진수 값을 사용한다. 따라서 x에 올 수 있는 값과 그에 해당하는 채널 값은 표 3과 같다.

표 3 X에 올 수 있는 값과 채널 값

x	0	1	2	3	4	5	6	7	8	9	A	B	C	D	E	F
채널	1	2	3	4	5	6	7	8	9	10	11	12	13	14	15	16

- 두 번째 바이트 : kk

두 번째 바이트가 나타내는 것은 MIDI Note Number, 즉 어떤 노트를 연주할 것인가에 대한 정보를 담고 있다. MIDI에서는 0~127(16진수로는 00~7F 까지)의 Note 정보를 표시하게 되며 가온다(C4)를 60으로 하여 C-1부터 G9까지가

표 4 노트 정보

	-1	0	1	2	3	4	5	6	7	8	9
C	0	12	24	36	48	**60**	72	84	96	108	120
C#	1	13	25	37	49	61	73	85	97	109	121
D	2	14	26	38	50	62	74	86	98	110	122
D#	3	15	27	39	51	63	75	87	99	111	123
E	4	16	28	40	52	64	76	88	100	112	124
F	5	17	29	41	53	65	77	89	101	113	125
F#	6	18	30	42	54	66	78	90	102	114	126
G	7	19	31	43	55	67	79	91	103	115	127
G#	8	20	32	44	56	68	80	92	104	116	
A	9	21	33	45	57	69	81	93	105	117	
A#	10	22	34	46	58	70	82	94	106	118	
B	11	23	35	47	59	71	83	95	107	119	

표현이 된다. (참고로 피아노는 A0부터 C8까지 88개의 음을 표현할 수 있는 악기이다.) 이것을 표로 나타내면 표 4와 같다.

십진수 값을 16진수로 변환하려면 변환하고자 하는 값을 16으로 나눠서 몫을 앞자리에, 나머지를 뒷자리에 쓴다. 그리고 두 자릿수인 10부터 15는 A부터 F까지의 값으로 나타내면 되고 그 앞에 16진수를 나타내는 0x라는 기호를 써주면 된다.

예: E5의 Note Number를 16진수로 나타내기.
　　E5의 Note Number(10진수)는 76
　　76÷16 = 몫은 4, 나머지는 12
　　12는 16진수로 C에 해당
　　따라서 76을 16진수로 표현하면 0x4C

- 세 번째 바이트 : vv

세 번째 바이트가 나타내는 것은 미디 노트 벨로시티(MIDI Note Velocity), 즉 얼만큼 세게 연주할 것인가에 대한 정보를 담고 있다. MIDI에서는 0~127(16진수로는 00~7F까지)의 벨로시티 정보를 표시하게 되며 0이면 소리가 나지 않는 것을, 127(0x7F)이면 제일 세게 연주한 것을 나타내게 된다.

Note Off 메시지

Note를 연주하는 Note On 메시지가 있었다면 그 Note에서 손을 떼는 것과 같은 Note Off 메시지도 있다. 만약 Note Off 메시지가 없다면 소리는 끝나지 않고 계속 나게 될 것이다.

　　Note Off 메시지도 Note On 메시지와 마찬가지로 총 3개의 바이트(Byte)로 구성이 되며 그 구성은 다음과 같다.

```
8x kk vv
```

- **첫 번째 바이트 : 8x**

Note On 메시지가 9로 시작하는 메시지였다면 Note Off 메시지는 8로 시작하며 x는 Note On 메시지와 마찬가지로 채널을 의미한다.

- **두 번째 바이트 : kk**

Note On 메시지와 마찬가지로 연주를 끝낼 Note Number를 정해준다. 만약 C4(60) 음이 노트 온이 되었다면 그 음에 대한 노트 오프 메시지를 내보내서 그 음을 끝내야 할 것이다.

- **세 번째 바이트 : vv**

Note On 메시지의 세 번째 바이트가 건반을 얼마나 세게 쳤는가를 의미한다면 Note Off 메시지의 세 번째 바이트는 얼마나 빠른 속도로 건반에서 손을 뗐는가를 의미한다. 이것이 과연 어떤 의미가 있는지 궁금해 하는 사람도 많은데 예를 들어 하프시코드(harpsichord) 사운드의 경우 이 세 번째 바이트의 값에 따라 건반에서 손을 뗄 때 나는 소리의 크기가 바뀌게끔 사운드 디자인이 된 경우가 많다.

이제 Note를 연주하고 멈추는 Note On/Off 메시지에 대해서 알아보았으니 아두이노로 하여금 신디사이저에 MIDI 정보를 보내서 '고향의 봄'을 연주하게끔 프로그램을 만들어 보자.

아두이노 프로그래밍

아두이노 프로그래밍은 의외로 단순하다.

우선 void setup() 함수에서 MIDI의 전송속도인 31250baud로 속도를 설정하고, void loop() 함수에서는 앞서 설명한 대로 Note를 On으로 만들기 위한 세 개의 바이트를 순서대로 보내면 노트 하나가 재생된다. 그리고 일정한 시간이 지난 후 Note Off 메시지에 해당하는 세 개의 바이트를 순서대로 보내면 재생된 Note는 사라지게 된다.

```
Serial.write(0x90); Serial.write(67);
Serial.write(75); delay(900); // Sol On
Serial.write(0x80); Serial.write(67);
Serial.write(75); delay(100); // Sol Off
Serial.write(0x90); Serial.write(67);
Serial.write(75); delay(900); // Sol On
```

예를 들어 위 코드의 경우라면 G4에 해당하는 Note가 On이 되고 0.9초 뒤에 Note Off 되고 0.1초가 지난 후 두 번째 G4가 플레이 되는 것이다.
전체 코드는 다음과 같다.

코드 13 고향의 봄 MIDI로 연주하기

```
void setup(){
  Serial.begin(31250);
}

void loop(){
  Serial.write(0x90);  Serial.write(67);  Serial.write(75);
delay(900);  // Sol On
  Serial.write(0x80);  Serial.write(67);  Serial.write(75);
delay(100);  // Sol Off
  Serial.write(0x90);  Serial.write(67);  Serial.write(75);
delay(900);  // Sol On
  Serial.write(0x80);  Serial.write(67);  Serial.write(75);
delay(100);  // Sol Off
  Serial.write(0x90);  Serial.write(64);  Serial.write(75);
delay(450);  // Mi On
  Serial.write(0x80);  Serial.write(64);  Serial.write(75);
delay(50);   // mi Off
  Serial.write(0x90);  Serial.write(65);  Serial.write(75);
delay(450);  // Fa On
  Serial.write(0x80);  Serial.write(65);  Serial.write(75);
delay(50);   // Fa Off
  Serial.write(0x90);  Serial.write(67);  Serial.write(75);
delay(900);  // Sol On
  Serial.write(0x80);  Serial.write(67);  Serial.write(75);
```

```
    delay(100);   // Sol Off
      Serial.write(0x90);   Serial.write(69);   Serial.write(75);
    delay(900);   // La On
      Serial.write(0x80);   Serial.write(69);   Serial.write(75);
    delay(100);   // Sol Off
      Serial.write(0x90);   Serial.write(69);   Serial.write(75);
    delay(900);   // La On
      Serial.write(0x80);   Serial.write(69);   Serial.write(75);
    delay(100);   // Sol Off
      Serial.write(0x90);   Serial.write(67);   Serial.write(75);
    delay(1800);  //Sol
      Serial.write(0x80);   Serial.write(67);   Serial.write(75);
    delay(200);   // Sol Off
    }
```

아두이노와 음원을 MIDI 케이블로 연결하고 위의 코드를 컴파일한 후 아두이노에 다운로드하면 여러분의 음원에서 '나의 살던 고향은~'이 계속 반복될 것이다. 이제 자신이 연주하고 싶은 곡을 만들어 보길 바란다.

5.3 스위치를 이용한 MIDI 건반 만들기

이번에는 아두이노에 스위치를 연결해서 스위치를 누를 때마다 MIDI Note 메시지가 전송되게끔 하여 아두이노를 MIDI 키보드처럼 사용해 보자. (하지만 수십 개의 스위치를 연결하는 일은 쉽지 않을 터이니 이번에도 5개 정도의 스위치만 연결할 것이다.)

하드웨어 구성

하드웨어는 앞서 여러 번 사용했었던 스위치의 연결을 참조하여 포트 3번부터 7번까지 5개의 스위치를 연결하도록 하고 MIDI 송신부분은 5.1절과 5.2절에서 사용했던 구성을 그대로 사용하도록 한다.

하드웨어 구성은 그림 68, 회로도 15와 같다.

그림 68 스위치와 MIDI 단자의 연결

회로도 15 스위치를 이용한 MIDI 건반 만들기

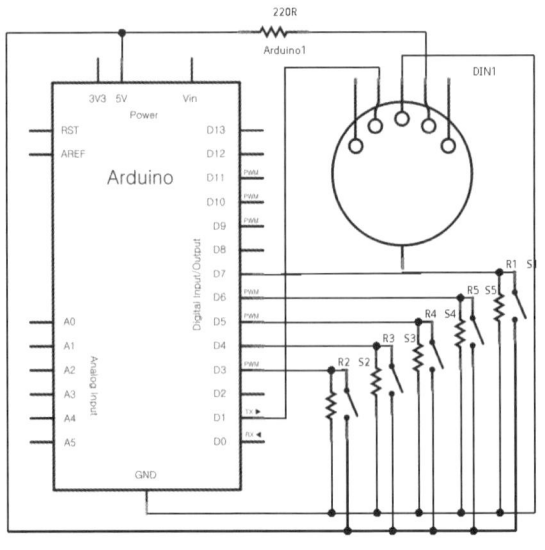

> **Tip**
>
> 스위치의 경우 그림 69에서 보이는 것과 같이 A, B가 함께 연결되어 있고 C, D가 함께 연결되어 있다. (스위치가 눌리는 순간 A, B, C, D는 모두 연결된다.) 따라서 저항과 +5V로 연결되는 부분은 모두 윗면으로 연결하고, 아두이노 포트와 연결되는 면은 조금 여유 있게 연결할 수 있도록 공간을 배치했다.

그림 69 스위치의 구조

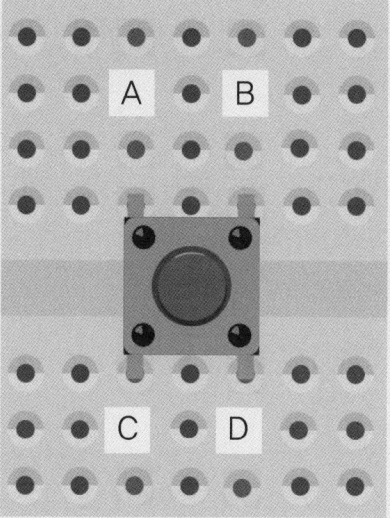

아두이노 프로그래밍

5.2절의 실험에서는 시리얼 전송을 한 바이트 단위로 일일이 코딩을 했다면 이번에는 midi()라고 하는 함수를 만들어서 보다 쉽게 코딩해보자. 그리고 또 지금까지의 스위치 사용법과는 조금 다른 점이 하나 있는데, 스위치가 눌리지 않은 상태에서 스위치를 누르면 Note On 메시지를 내보내야 한다. 그리고 스위치가 눌린 상태에서 스위치를 Off하면 Note Off 메시지가 출력이 되어야 한다는 것이다. 이를 위해서 현재의 각 포트와 연결된 스위치의 상태를 저장하

기 위해 old7, old6, old5, old4, old3이라는 정수형 변수를 선언하고 각각 0으로 초기 값을 설정하도록 한다.

```
int old7=0; int old6=0; int old5=0; int old4=0; int old3=0;
```

다음으로 void setup() 함수에서 포트 5개에 대한 핀을 설정하고 시리얼 전송 속도를 설정한다.

```
void setup(){
  pinMode(7,INPUT);  pinMode(6,INPUT);  pinMode(5,INPUT);
  pinMode(4,INPUT);  pinMode(3,INPUT);
  Serial.begin(31250);
}
```

이제 void loop() 함수에서 사용할 midi()라는 함수를 만들도록 한다. midi 함수는 midi(0x9x,kk,vv);와 같은 방법으로 사용할 것이다. 이를 위해서 void midi() 함수는 다음과 같이 프로그래밍한다.

```
void midi(int state, int pitch, int vel){
  Serial.write(state);
  Serial.write(pitch);
  Serial.write(vel);
}
```

예를 들어 midi(0x90,60,117); 이라는 명령이 내려지면 C4를 117이라는 벨로시티로 연주하라는 MIDI 메시지가 전송된다.

void loop() 함수에서는 7번 핀부터 3번 핀까지의 스위치 상태를 digitalRead(핀번호);를 통해서 읽는다.

만약 digitalRead(핀번호)를 통해서 읽은 값이 1이라면(스위치가 눌려진 상태), 이전의 스위치 상태와 비교한다.

```
if(digitalRead(7)==1)
```

만약 이전의 스위치 상태가 0(old7==0), 즉 눌리지 않은 상태라면 midi 함수를 이용하여 Note on 메시지를 내보내고 스위치의 상태 변수를 1로 변경시킨다. 이전의 스위치 상태가 1, 즉 눌린 상태라면 아무런 일도 수행하지 않는다.

이와 같은 동작을 7번 포트부터 3번 포트까지 수행하고 다음으로는 7번 포트부터 3번 포트까지 스위치가 Off 되었을 때 동작을 설정한다.

```
if(old7==0){midi(0x90,67,127); old7=1;}
```

만약 digitalRead(핀번호)를 통해서 읽은 값이 0이라면(스위치를 누르지 않은 상태), 이전의 스위치 상태와 비교한다.

```
if(digitalRead(7)==0)
```

만약 이전의 스위치 상태가 1(old7==1), 즉 눌린 상태라면 midi 함수를 이용하여 Note off 메시지를 내보내고 스위치의 상태 변수를 0으로 변경한다. 이전의 스위치 상태가 0, 즉 눌리지 않은 상태라면 아무런 일도 수행하지 않는다.

```
if(old7==1){midi(0x80,67,127); old7=0;}
```

이 동작 역시 포트 7번부터 포트 3번까지 연속적으로 수행하게 한다. 이것으로 프로그래밍은 끝났다. 아래의 코드가 완성된 프로그램이다.

코드 14 스위치를 이용한 MIDI 건반 만들기 전체 코드

```
int old7=0; int old6=0; int old5=0; int old4=0; int old3=0;
void setup(){
  pinMode(7,INPUT);   pinMode(6,INPUT);   pinMode(5,INPUT);
  pinMode(4,INPUT);   pinMode(3,INPUT);
  Serial.begin(31250);
}

void loop(){
  if(digitalRead(7)==1){
     if(old7==0){midi(0x90,67,127); old7=1; } }
  if(digitalRead(6)==1){
      if(old6==0){midi(0x90,69,127); old6=1; } }
  if(digitalRead(5)==1){
      if(old5==0){midi(0x90,72,127); old5=1; } }
```

```
    if(digitalRead(4)==1){
        if(old4==0){midi(0x90,74,127); old4=1; } }
    if(digitalRead(3)==1){
        if(old3==0){midi(0x90,76,127); old3=1; } }

    if(digitalRead(7)==0){
        if(old7==1){midi(0x80,67,127); old7=0; } }
    if(digitalRead(6)==0){
        if(old6==1){midi(0x80,69,127); old6=0; } }
    if(digitalRead(5)==0){
        if(old5==1){midi(0x80,72,127); old5=0; } }
    if(digitalRead(4)==0){
        if(old4==1){midi(0x80,74,127); old4=0; } }
    if(digitalRead(3)==0){
        if(old3==1){midi(0x80,76,127); old3=0; } }
}
void midi(int state, int pitch, int vel){
    Serial.write(state);
    Serial.write(pitch);
    Serial.write(vel);
}
```

이제 프로그램 구성까지 마쳤다면 컴파일을 하고 아두이노에 다운로드를 한 후 프로그램이 정상적으로 동작하는지 확인해 보도록 하자.

5.4 가변저항을 이용한 MIDI 컨트롤러 만들기

이제부터 다룰 내용이 어쩌면 인터랙티브 뮤직을 구현하는데 있어 가장 많이 사용되고 가장 유용한 기술이 되지 않을까 생각한다. 우리가 생활 속에서 보게 되는 센서들이 대부분 가변저항과 같이 동작하므로 가변저항에서 읽어온 값을 MIDI 데이터로 변환하여 전송할 수 있다면 인터랙티브 뮤직에서 다룰 수 있는 음악적 표현의 범위는 그야말로 무궁무진해진다.

그렇다면 가변저항을 이용해서 할 수 있는 일은 어떤 것이 있을까? 신디사이저에서 각종 노브(knob)라든가 슬라이더(slider), 휠(wheel), 조이스틱

(joystick) 등이 모두 가변저항을 이용한 컨트롤러들이다. 이 컨트롤러들을 움직일 때 신디사이저는 MIDI 메시지 중에서 컨트롤(Control) 메시지라는 것을 만들어 낸다. 그럼 이제부터 컨트롤 메시지에 대해서 알아보자.

Control 메시지

컨트롤 메시지도 Note 메시지와 같이 3개의 바이트로 구성되어 있으며 그 구성은 다음과 같다.

    Bx cc vv

- 첫 번째 바이트 : Bx

9로 시작하는 Note On 메시지, 8로 시작하는 Note Off 메시지가 있었다. Control 메시지는 B로 시작을 한다. x는 Note 메시지와 마찬가지로 MIDI 채널을 설정하는데 사용한다.

- 두 번째 바이트 : cc

두 번째 바이트인 cc는 0~127(16진수로는 0x00~0x7F)의 컨트롤러 번호를 사용한다. 이 값은 여러분이 사용하고 있는 신디사이저의 매뉴얼 뒤편에 나와 있는 MIDI Implementation Chart를 보면 된다. 일반적으로 사용되는 MIDI Control Number는 표 5와 같다.

표 5 일반적으로 사용되는 Control Number

Control Number	설명	비고
1	Modulation	소리의 떨림
7	Volume	음량
10	Pan	소리의 좌우 배치
64	Sustain (Hold)	서스테인 페달(0~63: Off, 64~127: On)
91	Reverb	잔향
93	Chorus	코러스

- 세 번째 바이트 : vv

세 번째 바이트 역시 0~127까지의 값을 사용하며 컨트롤러의 값을 지정하게 된다. 예를 들어 신디사이저의 모듈레이션 휠을 제일 아래로 내리면 0xB0 1 0 이라는 값이 신디사이저의 MIDI Out을 통해서 출력된다. 그리고 모듈레이션 휠을 점점 올린다면 0xB0 1 1, 0xB0 1 2, 0xB0 1 3, 0xB0 1 4, …, 0xB0 1 127까지 값이 변하게 된다.

그렇다면 이번에는 가변저항을 이용하여 컨트롤 데이터를 전송하는 실험을 하도록 하자.

하드웨어 구성

하드웨어는 실험 5.1절과 5.2절에서 사용했던 MIDI 송신부와 1장에서 실험했던 가변저항의 연결을 참고하여 구성하면 된다(그림 70).

그림 70 가변저항의 실험 하드웨어 구성

회로도 16 가변저항 실험

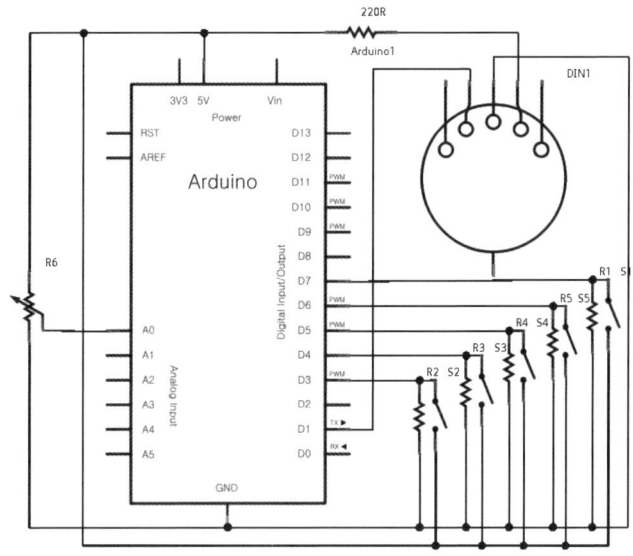

앞선 실험의 하드웨어를 훼손하지 않고 스위치는 건반으로, 가변저항은 컨트롤러로 사용하는 것도 재미있어 보여서 5.3절의 실험에서 사용했던 하드웨어에 가변저항만 추가하였다.

아두이노 프로그래밍

이번 프로그래밍은 가변저항을 움직일 때 마치 신디사이저의 모듈레이션 휠을 올리는 것과 같은 동작을 수행하고자 한다. 채널은 1번 채널을 사용한다.

즉, 0xB0 1 '아날로그 입력 0번 포트에서 읽어온 값을 8로 나눈 값'을 전송하게끔 하면 된다. 이쯤 되면 프로그래밍은 이미 끝난 것과 다름이 없다. 코드를 살펴보자.

코드 15 가변저항을 이용한 MIDI 컨트롤러 만들기

```
void setup(){
  Serial.begin(31250);
}

void loop(){
  midi(0xB0, 1, analogRead(0)/8);
}

void midi(int st, int cc,int val ){
  Serial.write(st);
  Serial.write(cc);
  Serial.write(val);
}
```

우선 void setup() 함수에서 시리얼 전송 속도를 MIDI 규격인 31250baud로 설정하였다.

void loop() 함수에서는 midi(0xB0, 1, analogRead(0)/8);이라는 한 줄로 프로그램이 끝났다. 그런데 왜 아날로그 입력 0번 포트에서 읽은 값(analogRead(0))을 8로 나누는 것일까? 아두이노는 아날로그 입력을 0~1023까지의 값으로 읽어 온다. 그래서 0~1023의 값을 0~127까지의 값으로 바꿔줘야 하는데 입력된 값을 8로 나누면 0~127까지의 값으로 사용할 수 있기 때문이다.

프로그램을 마쳤다면 컴파일을 하고 아두이노에 다운로드하여 신디사이저의 건반을 누른 상태에서 가변저항의 손잡이를 왼쪽, 오른쪽으로 움직여 보자. 신디사이저의 모듈레이션 휠을 움직이는 것과 같은 효과가 나온다면 제대로 동작하는 것이다.

이제 5.3절에서 했던 실험의 코드와 함께 합쳐서 스위치를 건반처럼, 혹은 가변저항을 모듈레이션 휠처럼 사용하는 프로그램에도 한 번 도전해 보길 바란다.

지금까지 시리얼 통신을 통해 데이터를 전송하는 방법에 대하여 알아보았

그림 71 신디사이저의 피치 휠(Pitch Wheel)과 모듈레이션 휠(Modulation Wheel)

다. 이번 실험 처음에 언급한 것처럼 이제 우리는 정말 다양한 실험을 할 수 있게 된 것이다. 이제 주변에서 여러 가지 센서들을 찾아보자. 그 센서를 이용하여 신디사이저나 소프트웨어 신디사이저를 다양한 방법으로 제어해 보길 바란다.

# 6장

Arduino for Interactive Music

시리얼 수신 연습

6.1 시리얼 입력(구구단)

지금까지 시리얼 통신을 이용하여 PC에 신호를 송신(통신에서는 출력이라는 표현보다 송신이라는 표현을 사용한다)하는 방법과 MIDI 기기에 신호를 송신하는 방법에 대하여 공부하고 다양한 실습을 해 보았다. 이제는 아두이노가 시리얼 통신을 이용하여 신호를 수신(입력과 같은 의미이지만 통신에서는 수신이라는 표현을 사용한다)하는 방법에 대하여 알아보고자 한다.

   시리얼 통신의 송신(출력)과 마찬가지로 6.1절과 6.2절의 실험은 별도의 하드웨어 구성없이 아두이노와 PC 상의 프로그램만으로 시리얼 통신을 확인하게 된다.

   이번에 실험할 내용은 시리얼 모니터 창에 하나의 숫자를 입력하면 화면에 입력된 숫자와 곱하기 모양이 표시되고, 또 하나의 숫자를 입력하면 첫 번째 입력된 숫자와 두 번째 입력된 숫자의 곱셈 값이 출력되는 실험이다.

   시리얼 모니터 창에 8을 입력하고 Enter 키를 누르면 화면에는 '8 × ' 가 표시되고 두 번째 숫자인 7을 입력하면 화면에 '8×7=56' 가 표시 된다.

우선 이 실험에 앞서 컴퓨터 자판을 통해서 아두이노로 정보를 보낼 때 사용하는 방식에 대해서 알아보도록 하자. 컴퓨터가 자판을 통해서 정보를 보낼 때는 아스키(ASCII, American Standard Code for Information Interchange)라는 형식으로 보낸다. 이 형식은 자판에서 만들어질 수 있는 알파벳이나 숫자 그리고 특수문자들을 7비트로 표현한다. 총 128개의 문자가 각각의 아스키코드에 대응하도록 약속되어 있다.

이것을 정리한 표는 다음과 같다.

표 6 아스키코드(ASCII Code) 테이블

DEC	Char	DEC	Char	DEC	Char
0	Ctrl-@ NUL	43	+	86	V
1	Ctrl-A SOH	44	,	87	W
2	Ctrl-B STX	45	-	88	X
3	Ctrl-C ETX	46	.	89	Y
4	Ctrl-D EOT	47	/	90	Z
5	Ctrl-E ENQ	48	0	91	[
6	Ctrl-F ACK	49	1	92	\
7	Ctrl-G BEL	50	2	93	]
8	Ctrl-H BS	51	3	94	^
9	Ctrl-I HT	52	4	95	_
10	Ctrl-J LF	53	5	96	
11	Ctrl-K VT	54	6	97	a
12	Ctrl-L FF	55	7	98	b
13	Ctrl-M CR	56	8	99	c
14	Ctrl-N SO	57	9	100	d
15	Ctrl-O SI	58	:	101	e
16	Ctrl-P DLE	59	;	102	f

DEC	Char	DEC	Char	DEC	Char
17	Ctrl–Q DC1	60	<	103	g
18	Ctrl–R DC2	61	=	104	h
19	Ctrl–S DC3	62	>	105	i
20	Ctrl–T DC4	63	?	106	j
21	Ctrl–U NAK	64	@	107	k
22	Ctrl–V SYN	65	A	108	l
23	Ctrl–W ETB	66	B	109	m
24	Ctrl–X CAN	67	C	110	n
25	Ctrl–Y EM	68	D	111	o
26	Ctrl–Z SUB	69	E	112	p
27	Ctrl–[ESC	70	F	113	q
28	Ctrl–\ FS	71	G	114	r
29	Ctrl–] GS	72	H	115	s
30	Ctrl–^ RS	73	I	116	t
31	Ctrl_ US	74	J	117	u
32	Space	75	K	118	v
33	!	76	L	119	w
34	"	77	M	120	x
35	#	78	N	121	y
36	$	79	O	122	z
37	%	80	P	123	{
38	&	81	Q	124	|
39	'	82	R	125	}
40	(	83	S	126	~
41	)	84	T	127	DEL
42	*	85	U		

표 6에서 눈여겨 볼 부분은 음영으로 처리된 부분이다. 우리가 1이라는 자판을 눌러서 아두이노로 송신하면, 1이라는 값이 전송되는 것이 아니라 아스키코드 테이블의 49라는 값이 전송된다. 따라서 자판을 통해서 시리얼 수신을 받았을 때 그 정보를 숫자로 사용하고 싶다면 48이라는 값만큼을 빼서 사용해야 한다.

그럼 이번에는 아두이노가 시리얼 데이터를 받는 과정에 대해서 알아 보도록 하자.

아두이노가 시리얼 데이터를 받게 되면 아두이노의 저장 공간(버퍼)에 그 데이터가 채워진다. 이때 버퍼라는 공간에 데이터가 있는지, 없는지의 유무를 확인할 수 있는 방법이 Serial.available()이라는 명령을 사용하는 것이다. 아두이노의 시리얼 데이터를 받는 버퍼에 아무 내용이 없다면, 다시 말해서 시리얼 데이터를 수신하지 않았다면 Serial.available()을 통해서 읽어온 값은 0이며 시리얼 통신을 통해 데이터를 수신하게 되면 이 값은 0보다 커지게 된다.

따라서 Serial.available()이라는 함수를 통해서 시리얼 데이터 수신 여부를 확인하고 시리얼 데이터를 수신한 것이 확인되면 Serial.read()라는 함수를 통해서 버퍼에 있는 내용을 읽어오면 된다.

그렇다면 자판을 통해서 아두이노로 전송된 데이터의 아스키 값을 다시 컴퓨터로 송신하여 컴퓨터에 아스키코드 값을 출력하는 코드를 살펴보자.

```
void setup(){
  Serial.begin(9600);
}

void loop(){
  if(Serial.available()>0){
    int i=Serial.read();
    Serial.println(i);
    Serial.println(i,BYTE);
  }
}
```

void setup() 함수에서는 시리얼 통신을 위한 속도를 정해주었고 void loop() 함수에서는 Serial.available() 함수를 통해 읽어온 값이 0보다 큰 값인지, 다시 말해서 시리얼 통신을 통해서 수신된 내용이 있는지를 확인한다. 만약 수신된 내용이 있다면(Serial.available() 함수를 통해 읽어온 값이 0보다 크다면) i라는 정수형 변수에 시리얼 수신된 값을 입력하고 그 아스키 값을 컴퓨터로 송신한다(Serial.println(i);). 그리고 줄바꿈을 한 후 그 아스키 값에 해당하는 아스키 데이터(문자)를 다시 컴퓨터로 전송한다(Serial.println(i, BYTE);).

위의 코드를 입력하고 컴파일 후 아두이노에 다운로드하고 시리얼 모니터 창을 열자. 그리고 자판을 통해서 0~9까지, 그리고 알파벳 대문자와 소문자를 입력해 보자. 시리얼 모니터 창에 표 6에서 표시한 아스키 값이 출력되는지 확인해 보자.

이를 응용해서 아두이노에게 구구단을 시켜보도록 하자. 코드는 방금 전의 코드와 매우 유사하다.

코드 16 구구단 전체 코드

```
void setup(){
  Serial.begin(9600);
}

void loop(){
  if(Serial.available()>0){
    int a=Serial.read()-48;
    Serial.print(a);
    Serial.print(" X ");
    for(int i=0;i<10;i=i+1){
      if(Serial.available()>0){
        int b=Serial.read()-48;
        Serial.print(b);
        Serial.print(" = ");
        Serial.println(a*b);
        Serial.println("Put in a First number!");
        i=100;
      }
```

```
        else {i=i-1;}
      }
   }
}
```

void setup() 함수에서는 시리얼 통신 속도를 9600baud로 설정했다. 그리고 void loop() 함수에서 Serial.available()〉0을 통해서 시리얼 데이터를 받았는지 확인한다. 만약 수신된 데이터가 있다면(Serial.available()〉0), a라는 변수에 Serial.read()를 통해서 읽어온 값에서 48을 뺀 값을 저장한다. 이것은 곧 입력된 숫자의 아스키 값을 정수 값으로 그대로 사용할 수 있음을 의미한다. 표 6에서 숫자 1에 대한 아스키 값은 49이다. 즉 48을 빼면 1이라는 값이 만들어지게 되는 것이다.

이제 그 값을 화면에 표시하고 '×'를 출력해서 곱하기임을 나타내자.

여기서 약간의 프로그래밍 기법을 사용했는데 다음의 시리얼 입력이 있을 때까지 기다리게 하기 위해서 for문을 사용하였다. for문을 통해서 시리얼 입력이 있다면 그 값에서 48을 뺀 후 b라는 변수에 저장하고 화면에 b의 값을 출력하고 '='을 출력하고 a와 b를 곱한 값을 출력한 후 다시 첫 번째 숫자를 입력하라는 메시지를 출력한다. 그리고 i라는 변수에 100을 저장하여 for의 비교문(i〈10) 조건을 넘어서게 만듦으로써 for문을 빠져 나오게 하였다. 만약 아무런 시리얼 입력 데이터가 없다면 else{i=i-1;}을 통해서 i 값은 계속 -1이 되므로 for문을 빠져나올 수 없게 된다. (보다 간단한 방법으로 while이라는 명령을 사용하는 방법도 있으나 여기서는 새로운 명령을 익히는 것보다 우리가 알고 있는 명령을 이용하여 다양한 일을 할 수 있음을 인식하는 것이 중요하기 때문에 우리에게 이미 익숙한 for문을 사용하게 되었다. 6.2절의 실험에서는 while문에 사용하게 될 텐데 새로운 명령을 익히는 것이 번거롭다면 앞으로도 for문을 사용해도 무관하다.)

이제 위의 코드를 컴파일하고 아두이노에 다운 로드한 후 시리얼 모니터 창을 열어서 프로그램이 정상적으로 동작하는지 확인해 보도록 하자.

6.2 아두이노 퀴즈왕

초등학교 4학년 때 8비트 컴퓨터를 가지고 국가 이름이 나오면 그 수도를 맞추는 게임 프로그램을 짠 적이 있었다. 그 당시나 지금이나 지리에는 전혀 관심이 없음에도 불구하고 이 프로그램을 짜면서 국가와 수도에 대해서 조금이라도 공부가 되었던 것 같다.

이번에는 이와 유사한 프로그램을 아두이노를 이용하여 구현해 보고자 한다. 참고로 우리가 사용하고 있는 아두이노 역시 8비트 컴퓨터에 해당한다.

프로그램의 개요는 다음과 같다.

시리얼 모니터 창을 띄우면 아두이노가 시리얼 모니터 창에 수도를 맞추라는 메시지를 내보내고 국가 이름과 네 개의 수도를 보기로 제시한다. 네 개의 보기 중에서 그 나라의 수도에 해당하는 보기 번호를 입력하고 엔터를 눌렀을 때 답이 맞았다면 맞았다는 메시지를 보여준다. 그리고 점수에 10점을 더한다. 틀렸다면 틀렸다는 메시지와 함께 점수에 0점을 더한다. 그 다음, 두 번째 문제를 시리얼 모니터 창에 표시한다. 이렇게 열 문제를 제시하여 맞춘 문제에 따라 계산된 점수를 시리얼 모니터 창에 표시하도록 한다. 글로 쓴 개요를 보면 약간 복잡해 보일 수도 있는데, 실제 프로그램은 그렇게 복잡하지 않다.

이번 프로그램 역시 아두이노와 PC가 통신을 하면서 동작을 수행하는 것이 전부이므로 별도의 하드웨어 구성은 필요가 없다.

그럼 프로그램을 시작해 보자. 우선 점수로 사용할 변수를 설정하고 void setup() 함수를 만든다.

```
int score=0;
void setup(){
  Serial.begin(9600);
}
```

지금까지 사용한 코드와 크게 차이가 없으므로 별도의 설명은 하지 않겠다. 만약 이 코드가 이해되지 않는다면 4장 처음부터 다시 읽어 나가길 바란다.

이제 본격적인 동작을 정의하는 void loop() 함수를 살펴보자.

```
void loop(){
  Serial.println("Choose a right Capital city.");
  Serial.println("Korea");
  Serial.println("1.GwangJu  2.Seoul  3.Jeju  4.Busan");
  while(Serial.available()==0){
  }
  if(Serial.read()==50){
    Serial.println("Right!");
    score=score+10;
  }
  else {Serial.println("Wrong!");}
```

void loop() 함수가 시작되면 Serial.println("Choose a right Capital city."); 명령을 통해서 화면에 수도를 맞추라는 메시지를 표시하도록 한다. 다음으로는 Serial.println("Korea"); Serial.println("1.GwangJu 2.Seoul 3.Jeju 4.Busan"); 이라는 명령들을 이용하여 첫 번째 문제를 화면에 표시한다. 문제가 출제된 다음에는 키 입력을 통한 시리얼 수신이 될 때까지 기다리는 것이 필요하다. 앞선 예제에서는 이것을 for문을 이용하여 약간은 복잡해 보이는 프로그램을 구성했는데, 여기서는 while문이라는 새로운 명령을 사용해 보도록 하자. while문도 for문과 같은 반복 실행을 시키기 위한 명령어이다. 따라서 앞선 예제와 같이 for문으로 while문을 대치할 수도 있고 반대로 while문으로 for문을 대치할 수도 있다. 프로그래머라면 이 두 가지 명령의 장단점에 대하여 별도로 공부하고 익히는 과정을 거치지만, 계속 이야기하는 것처럼 이 책은 전문 프로그래머나 개발자를 위한 책이 아니므로 두 가지 명령(for문과 while문) 중에서 여러분이 기억하기 쉽고 이해하기 쉬운 명령을 하나 완벽하게 익혀서 그 명령을 사용하는 것도 나쁘지 않은 선택이다.

while문의 구성은 다음과 같다.

```
while(조건){ 명령1; 명령2; 명령3; …}
```

이 명령의 동작은 우선 조건을 확인하고 조건을 만족하면 명령 1, 명령 2, 명령 3, … 과 같이 대괄호 ({ })안의 명령들을 순서대로 실행하고 조건을 만족하지 않으면 while 문을 벗어나게 된다.

따라서 위의 프로그램에서는 while(Serial.available()==0){ }처럼 구성을 한 다음, 시리얼 통신을 통해서 수신된 내용이 없다면 비어있는 대괄호를 수행한다. 즉, 아무런 동작도 하지 않고 기다리게 되며, 시리얼 통신으로 어떤 정보를 수신하는 순간 Serial.available()의 값이 0보다 커지므로 while문을 벗어나서 다음 명령을 수행한다.

다음 명령은 시리얼 통신을 통해서 수신된 정보가 50인지를 비교한다. 앞선 실험에서 이미 설명했던 것처럼 PC에서 2를 타이핑하여 시리얼 전송하게 되면 아두이노에서는 그 자판이 눌려졌다는 정보를 50이라는 아스키 값으로 인식하게 되기 때문에 결국 시리얼 통신을 통해서 2가 타이핑되었는지를 확인하는 과정이다. 그래서 수신된 정보가 50이라면(if(Serial.read()==50)), 시리얼 모니터 창에 'Right!' 라는 메시지를 출력하고 점수를 나타낼 변수인 score에 10을 더한다.

```
{   Serial.println("Right!");
    score=score+10;  }
```

만약 수신된 값이 50이 아니라면(2 이외의 다른 자판을 타이핑했다면) 'Wrong!'이라는 메시지를 출력하고 두 번째 문제를 제시하게 한다.

```
    else {Serial.println("Wrong!");}
```

두 번째 문제부터 열 번째 문제까지는 위에서 설명한 것을 참고로 하여 다음과 같은 코드를 반복하고 국가 이름과 도시 이름만 여러분들 마음대로 구성하면 된다. 코드의 예는 다음과 같다.

```
  Serial.println("USA");
  Serial.println("1.Newyork  2.Chicago  3.Boston  4.Washington D.C");
  while(Serial.available()==0){
  }
  if(Serial.read()==52){
    Serial.println("Right!");
    score=score+10;
  }
  else {Serial.println("Wrong!");}
```

이렇게 해서 열 개의 문제를 모두 출제했다면 마지막으로 점수를 화면에 출력해 주게 되는데 다음과 같이 코드를 구성하면 된다. 매 문제가 출제될 때마다 맞으면 score 변수에 10점씩을 더하고, 틀리면 10점을 더하지 않았으므로 열 문제를 모두 푼 상황에서는 score 변수의 값이 곧 최종 점수가 된다. 최종 점수가 출력된 다음에는 5초 간의 시간 지연을 둔 다음 다시 void loop() 함수의 처음으로 되돌아가서 첫 번째 문제가 출력된다.

```
  Serial.print("Your Score is");
  Serial.println(score);
  delay(5000);
```

이렇게 만들어진 전체 프로그램 코드는 다음과 같다.

코드 17 아두이노 퀴즈왕 전체 코드

```
  int score=0;
  void setup(){
    Serial.begin(9600);
  }
  void loop(){
    Serial.println("Choose a right Capital city.");
    Serial.println("Korea");
    Serial.println("1.GwangJu  2.Seoul  3.Jeju  4.Busan");
    while(Serial.available()==0){
    }
    if(Serial.read()==50){
      Serial.println("Right!");
      score=score+10;
    }
```

```
else {Serial.println("Wrong!");}

Serial.println("USA");
Serial.println("1.Newyork  2.Chicago  3.Boston  4.Washington D.C");
while(Serial.available()==0){
}
if(Serial.read()==52){
  Serial.println("Right!");
  score=score+10;
}
else {Serial.println("Wrong!");}
Serial.println("United Kingdom");
Serial.println("1.London  2.Edinburgh  3.Caimbridge  4.New England");
while(Serial.available()==0){
}
if(Serial.read()==49){
  Serial.println("Right!");
  score=score+10;
}
else {Serial.println("Wrong!");}
Serial.println("Japan");
Serial.println("1.Osaka  2.Dokdo  3.Tokyo  4.Kyoto");
while(Serial.available()==0){
}
if(Serial.read()==51){
  Serial.println("Right!");
  score=score+10;
}
else {Serial.println("Wrong!");}
Serial.println("Russia");
Serial.println("1.Moskva  2.Sankt Peterburg  3.Qazan  4.Sochi");
while(Serial.available()==0){
}
if(Serial.read()==49){
  Serial.println("Right!");
  score=score+10;
}
else {Serial.println("Wrong!");}
Serial.println("France");
Serial.println("1.Versailles  2.Strasbourg  3.Paris  4.Roubaix");
while(Serial.available()==0){
}
if(Serial.read()==51){
  Serial.println("Right!");
  score=score+10;
}
else {Serial.println("Wrong!");}
```

```
  Serial.println("Italia");
  Serial.println("1.Venezia  2.Napoli  3.Rome  4.Firenze");
  while(Serial.available()==0){
  }
  if(Serial.read()==51){
    Serial.println("Right!");
    score=score+10;
  }
  else {Serial.println("Wrong!");}
  Serial.println("Philippines");
  Serial.println("1.Butuan  2.Baguio  3.CEBU  4.Manila");
  while(Serial.available()==0){
  }
  if(Serial.read()==52){
    Serial.println("Right!");
    score=score+10;
  }
  else {Serial.println("Wrong!");}
  Serial.println("German");
  Serial.println("1.Frankfurt  2.Berlin  3.Hamburg  4.Hannover");
  while(Serial.available()==0){
  }
  if(Serial.read()==50){
    Serial.println("Right!");
    score=score+10;
  }
  else {Serial.println("Wrong!");}
  Serial.println("Peru");
  Serial.println("1.Cusco  2.Nasca  3.Paracas  4.Lima");
  while(Serial.available()==0){
  }
  if(Serial.read()==52){
    Serial.println("Right!");
    score=score+10;
  }
  else {Serial.println("Wrong!");}

  Serial.print("Your Score is ");
  Serial.println(score);
  delay(5000);
}
```

이제 프로그램을 컴파일하고 다운로드하여 프로그램이 정상적으로 동작하는지 확인해 보자.

　보다 그럴듯한 퀴즈 프로그램을 만들려면 문제들을 데이터베이스화하고 그 데이터베이스에서 문제를 무작위로 불러와서 출제하는 방법을 써야 하는데 데이터베이스화하는 프로그램까지는 이 책의 수준을 넘어서는 것 같아 단순화 된 형태의 퀴즈 프로그램을 구성해 보았다. 하지만 '어떻게 하면 보다 그럴듯한 프로그램을 짤 수 있을까'를 고민하는 과정을 거치면서 여러분은 보다 아두이노에 익숙한 인터랙티브 뮤지션이 되리라는 생각을 한다.

6.3 아두이노로 수신한 시리얼 데이터를 FND에 표시하기

이번에는 시리얼 모니터 창에 숫자를 입력하고 엔터(Enter)를 치면 입력된 숫자가 아두이노와 연결된 FND에 표시되게 하는 실험을 해보자. (FND는 3장의 실험 3.2절에서 이미 다루었던 주제이며 이번 실험에서도 3.2절에서 사용되었던 하드웨어 구성과 코드를 일부 사용할 것이다.)

하드웨어 구성

하드웨어는 3.2절에서 사용했던 하드웨어를 그대로 사용한다. 따라서 그림 49를 참고하여 하드웨어를 구성하면 된다.

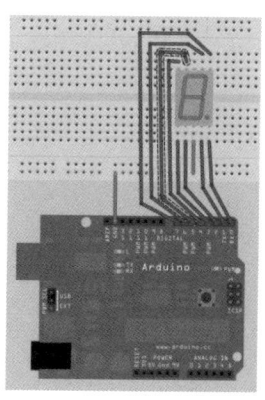

그림 49　초시계 하드웨어

회로도 17 시리얼 데이터를 FND에 표시하기

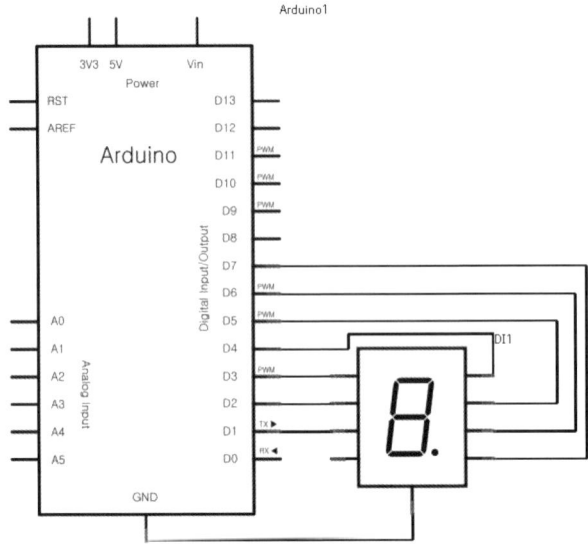

아두이노 프로그래밍

우선 자판을 통해서 입력된 값을 저장할 변수로써 val이라는 정수형 변수를 설정하자.

그리고 void setup() 함수에서 시리얼 전송 속도를 설정하고(Serial.begin(9600);), 0번부터 7번까지 여덟 개의 핀을 출력(OUTPUT)으로 설정한다. 이중에서 도트(dot, 숫자를 만드는 7개의 LED 오른쪽 아래에 있는 점)는 사용하지 않을 것이므로 실제로는 1~7번 핀까지 7개의 포트를 사용한다.

```
int val;
void setup(){
  Serial.begin(9600);
  for(int p=0;p<8;p++){
    pinMode(p,OUTPUT); }
}
```

void loop() 함수는 아주 단순하다. 시리얼 통신을 통해서 수신된 데이터가 있는지 확인하고(if(Serial.available())0)), 만약 수신된 데이터가 있다면 그 시리얼 수신된 데이터를 읽어서 48을 뺀 값을 val이라는 변수에 저장한다. (48을 빼서 48~57까지의 아스키 값을 정수 0~9까지의 값으로 만드는 것이다.) 그리고 3.3절에서 사용했던 fnd() 함수를 사용해서 fnd에 0~9까지의 숫자를 표시한다.

```
void loop(){
  if(Serial.available()>0){
    val=Serial.read()-48;
    fnd(val);
  }
}
```

fnd() 함수의 구성은 다음과 같고 그 설명은 3.3절에서 했으므로 여기서는 설명을 생략하기로 한다.

```
void fnd(int i){
  if(i==0){
    digitalWrite(1,1); digitalWrite(2,1); digitalWrite(3,1);
    digitalWrite(4,0); digitalWrite(5,1); digitalWrite(6,1);
    digitalWrite(7,1); //0
  }
  else if(i==1){
    digitalWrite(1,1); digitalWrite(2,0); digitalWrite(3,0);
    digitalWrite(4,0); digitalWrite(5,0); digitalWrite(6,0);
    digitalWrite(7,1); //1
  }
  else if(i==2){
    digitalWrite(1,0); digitalWrite(2,1); digitalWrite(3,1);
    digitalWrite(4,1); digitalWrite(5,0); digitalWrite(6,1);
    digitalWrite(7,1); //2
  }
  else if(i==3){
    digitalWrite(1,1); digitalWrite(2,1); digitalWrite(3,0);
    digitalWrite(4,1); digitalWrite(5,0); digitalWrite(6,1);
    digitalWrite(7,1); //3
  }
  else if(i==4){
    digitalWrite(1,1); digitalWrite(2,0); digitalWrite(3,0);
    digitalWrite(4,1); digitalWrite(5,1); digitalWrite(6,0);
    digitalWrite(7,1); //4
```

```
  }
  else if(i==5){
    digitalWrite(1,1); digitalWrite(2,1); digitalWrite(3,0);
    digitalWrite(4,1); digitalWrite(5,1); digitalWrite(6,1);
    digitalWrite(7,0); //5
  }
  else if(i==6){
    digitalWrite(1,1); digitalWrite(2,1); digitalWrite(3,1);
    digitalWrite(4,1); digitalWrite(5,1); digitalWrite(6,1);
    digitalWrite(7,0); //6
  }
  else if(i==7){
    digitalWrite(1,1); digitalWrite(2,0); digitalWrite(3,0);
    digitalWrite(4,0); digitalWrite(5,1); digitalWrite(6,1);
    digitalWrite(7,1); //7
  }
  else if(i==8){
    digitalWrite(1,1); digitalWrite(2,1); digitalWrite(3,1);
    digitalWrite(4,1); digitalWrite(5,1); digitalWrite(6,1);
    digitalWrite(7,1); //8
  }
  else if(i==9){
    digitalWrite(1,1); digitalWrite(2,1); digitalWrite(3,0);
    digitalWrite(4,1); digitalWrite(5,1); digitalWrite(6,1);
    digitalWrite(7,1); //9
  }
  else {
    digitalWrite(1,0); digitalWrite(2,0); digitalWrite(3,0);
    digitalWrite(4,0); digitalWrite(5,0); digitalWrite(6,0);
    digitalWrite(7,0);
  }
}
```

이제 프로그램을 마쳤다면 컴파일을 하고 아두이노에 다운로드한 후 시리얼 모니터 창을 띄우자. 시리얼 모니터 창에 0부터 9 사이의 수를 입력하고 엔터를 누르거나 SEND를 눌러 보자. 아두이노와 연결된 FND에 여러분이 입력한 숫자가 표시된다면 성공이다.

6.4 아두이노 신디사이저 (컴퓨터로 아두이노의 음원 제어)

이번에는 시리얼 모니터 창에 MIDI 노트 번호를 입력하면 그 노트 번호에 해당하는 음이 아두이노와 연결한 스피커에서 나오도록 하는 실험을 해보자. 아두이노로 소리를 낸다면 3.5절에서 했던 실험을 떠올리며 어렵다는 생각을 먼저 하는 사람도 있을 것이다. 그렇지만 이번에는 아두이노로 소리를 내는 보다 쉬운 방법을 사용할 것이므로 큰 걱정은 하지 않길 바란다.

그렇다면 쉬운 방법이 있음에도 불구하고 3장에서 복잡한 구현 방법을 선택한 이유는 무엇인가? 인터랙티브 뮤직을 구현하면서 아두이노로 소리를 낼 일은 거의 없다. 그것보다는 아두이노를 다루는 다양한 방법에 익숙해지는 것이 훨씬 중요하기에 아두이노로 소리를 내는 명령이 아니라 아두이노의 포트를 제어하는 방법을 설명했던 것이다. 하지만 이제는 아두이노의 포트를 제어하는 것 정도는 여러분에게 쉬운 일이 되었으리란 생각이 들어서 아두이노로 소리를 내는 명령을 사용하려고 하는 것이다. 이번 장에서 중요한 것은 시리얼 통신을 익히는 것이니 말이다.

이번 실험의 구성은 다음과 같다. 시리얼 모니터 창에 표 7과 같이 알파벳을 입력하고 엔터(enter)를 쳤을 때 그에 해당하는 음이 아두이노와 연결된 스피커를 통해서 나오게 하는 것이다.

표 7 각 알파벳 별 아스키 값과 만들 소리의 주파수

자판	c	d	e	f	g	a	b	C	D	E	F	G	A	B
ASCII	99	100	101	102	103	97	98	67	68	69	70	71	65	66
주파수	131	147	165	175	196	220	247	262	294	330	349	392	440	494

구현하는데 필요한 주요 명령어는 tone이라는 명령으로 그 사용법은 다음과 같다.

tone(포트번호, 주파수);

하드웨어 구성

하드웨어 구성은 이미 3.5절의 실험에서 했던 것과 마찬가지로 피에조(또는 작은 스피커를 사용해도 괜찮다) 선의 한쪽은 Gnd에, 나머지 한쪽은 7번 포트에 그림 56과 같이 연결하도록 하자.

그림 56 실험을 위한 아두이노와 피에조의 연결

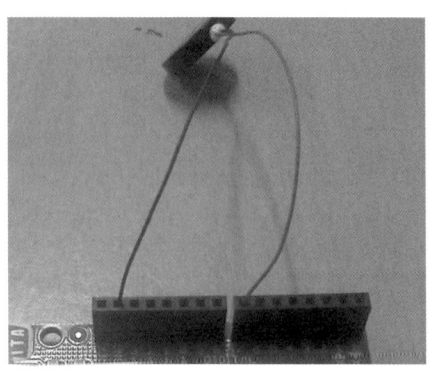

회로도 18 아두이노 신디사이저

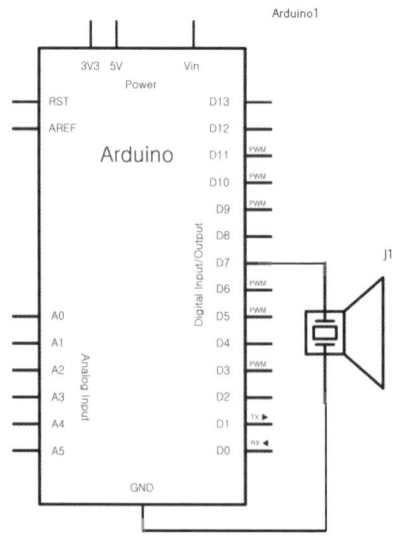

아두이노 프로그래밍

6.3절 실험과 마찬가지로 이번 실험에서도 시리얼 모니터 창의 입력을 통해서 아두이노로 전송된 아스키 값을 저장할 정수형 변수 val을 선언하고, void setup() 함수에서는 9600baud라는 속도를 설정하도록 한다.

```
int val;
void setup(){
  Serial.begin(9600);
}
```

이제 void loop() 함수에서 시리얼 통신을 통해서 수신된 데이터가 있는지 확인한다(if(Serial.available()>0)). 수신된 데이터가 있다면 이전에 나고 있을지도 모르는 사운드를 제거한다(noTone(7); 7번 포트를 통해서 나고 있는 소리를 제거하라는 명령). 이것은 마치 시퀀싱 프로그램에서 파일을 초기화 할 때 All Notes Off 메시지를 보내서 혹시 나고 있을지 모르는 소리를 제거하는 것과 비슷한 이유이다. 그리고 시리얼 통신을 통해서 수신된 데이터를 val이라는 변수에 저장한다. 그리고 sound()라는 함수를 실행하여 val의 값에 알맞은 소리가 나게 한다.

```
void loop(){
  if(Serial.available()>0){
    noTone(7);
    val=Serial.read();
    sound(val);
  }
}
```

loop() 함수에서 사용하는 sound 함수에 대하여 알아 보자. sound 함수에서는 val이라는 값을 받아서 그 값에 알맞은 소리가 나게 하면 되는데 여기서는 지금까지 사용했던 if문과는 약간 다른 switch, case라는 명령을 사용해 보도록 하자. sound 함수는 val의 값에 따라서 tone(7,주파수); 명령을 실행시키고 c~b, C~B 이외의 입력이 들어오면 소리가 나지 않게(noTone(7);) 하면 된다.

switch, case 명령 형식은 다음과 같다.

```
switch(변수){
        case 변수 값1: 명령어; 명령어; 명령어; … break;
        case 변수 값2: 명령어; 명령어; 명령어; … break;
        case 변수 값3: 명령어; 명령어; 명령어; … break;
        case 변수 값4: 명령어; 명령어; 명령어; … break;
        명령어;
}
```

위의 형식처럼 switch 괄호 안의 변수가 가지는 값에 따라서 각기 다른 명령을 수행하게 된다.

다음은 이번 실험에서 사용된 sound 함수이다. 이 함수를 예로 설명하도록 하자.

```
void sound(int i){
  switch(i){
    case 99: tone(7,131); break;   //c
    case 100: tone(7,147); break;  //d
    case 101: tone(7,165); break;  //e
    case 102: tone(7,175); break;  //f
    case 103: tone(7,196); break;  //g
    case 97: tone(7,220); break;   //a
    case 98: tone(7,247); break;   //b
    case 67: tone(7,262); break;   //C
    case 68: tone(7,294); break;   //D
    case 69: tone(7,330); break;   //E
    case 70: tone(7,349); break;   //F
    case 71: tone(7,392); break;   //G
    case 65: tone(7,440); break;   //A
    case 66: tone(7,494); break;   //B
    noTone(7);
  }
}
```

loop() 함수에서 호출한 sound(val);에서 val의 값은 switch의 i로 대치되었다. 이제 val의 값이 99라면 case 99: tone(7,131); break;가, val의 값이 100이라면 case 100: tone(7,147); break;가 실행된다. 이렇게 val의 값에 따라서 B라는 문자를 입력했을 때는 case 66: tone(7,494); break;까지 실행이 되며, 만약 이 이외의 다른 값이 입력되었다면 noTone(7); 명령으로 인하여 아무런 소리도 나오지 않게 된다.

이 switch, case 문은 우리가 지금까지 사용했던 if문을 통해서도 구현할 수 있다. 다음과 같이 구성할 수도 있다.

```
void sound(int i){
  if(i==99){tone(7,131); }
  else if(i==100){ tone(7,147); }
  else if(i==101){ tone(7,165); }
  ......
  else if(i==66){ tone(7,494); }
  else{ noTone(7); }
}
```

이 역시 여러분이 사용하기 편한 방법을 사용하면 될 것이다. 여러분의 편의를 위해 그림 72에 두 개의 코드를 비교해 보았다.

그림 72 switch, case문과 if문을 사용한 경우의 비교

```
Synduino §
}
void loop(){
  if(Serial.available()>0){
    noTone(7);
    val=Serial.read();
    sound(val);
  }
}
void sound(int i){
  switch(i){
    case 99: tone(7,131); break;   //c
    case 100: tone(7,147); break;  //d
    case 101: tone(7,165); break;  //e
    case 102: tone(7,175); break;  //f
    case 103: tone(7,196); break;  //g
    case 97: tone(7,220); break;   //a
    case 98: tone(7,247); break;   //b
    case 67: tone(7,262); break;   //C
    case 68: tone(7,294); break;   //D
    case 69: tone(7,330); break;   //E
    case 70: tone(7,349); break;   //F
    case 71: tone(7,392); break;   //G
    case 65: tone(7,440); break;   //A
    case 66: tone(7,494); break;   //B
    noTone(7);
  }
}
```

```
synduino2 §
}
void loop(){
  if(Serial.available()>0){
    noTone(7);
    val=Serial.read();
    sound(val);
  }
}
void sound(int i){
  if(i==99){ tone(7,131); }    //c
  else if(i==100){ tone(7,147); }  //d
  else if(i==101){ tone(7,165); }  //e
  else if(i==102){ tone(7,175); }  //f
  else if(i==103){ tone(7,196); }  //g
  else if(i== 97){ tone(7,220); }  //a
  else if(i== 98){ tone(7,247); }  //b
  else if(i== 67){ tone(7,262); }  //C
  else if(i== 68){ tone(7,294); }  //D
  else if(i== 69){ tone(7,330); }  //E
  else if(i== 70){ tone(7,349); }  //F
  else if(i== 71){ tone(7,392); }  //G
  else if(i== 65){ tone(7,440); }  //A
  else if(i== 66){ tone(7,494); }  //B
  else { noTone(7); }
}
```

이제 프로그램을 마쳤다면 컴파일하고 다운로드를 한 후 시리얼 모니터 창을 띄우고 입력란에 c~b, C~B(한 옥타브 위의 음)를 입력하면서 음악을 연주해 보자.

7장

Arduino for Interactive Music

MIDI 입력

7.1 MIDI 입력 (MIDI 입력을 위한 하드웨어)

지금까지 PC와의 시리얼 통신을 통하여 정보를 수신하는 방법을 공부했다면 이제는 MIDI 데이터를 수신하는 방법에 대하여 알아 보자. MIDI 데이터를 수신하기 위해서는 조금은 특별한 회로를 구성해야 한다. 회로도를 보고 구성하는 것은 그렇게 어려운 일이 아니지만 그건 공학을 공부하는 사람에게 해당하는 일이며 처음 시도하는 사람에게는 조금 부담스러울 수 있다. 일단 회로도와 필자가 브레드보드에 구성한 MIDI 입력부를 회로도 19와 그림 73을 참고하여 시도해 보기 바란다. (향후 MIDI 입력과 출력 부분만 별도로 제작하여 아두이노 및 자작 MIDI 장비를 만드는 이들에게 제공할 계획이다.)

220, 270이라고 표시한 부분은 220Ω, 270Ω의 값을 갖는 저항이다(이 두 가지 저항 모두 아두이노 스타터 키트에 포함되어 있다). 1N4148이라고 표시한 것은 다이오드라는 부품이다. 다이오드는 화살표 방향으로는 전류가 흐르고 반대 방향으로는 전류가 흐르지 않는 특성을 갖는 부품이다. 지금까지 실험에서 이와 비슷한 성질의 부품이 있었는데, 바로 LED였다. LED는 방향을 제대

회로도 19 MIDI 입력부의 회로 구성

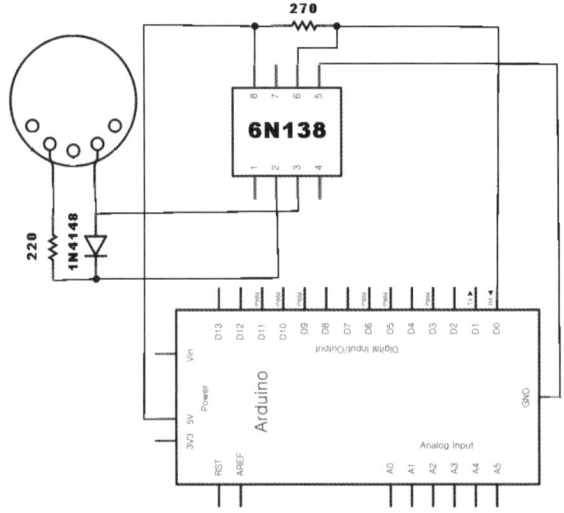

로 연결하면 전류가 흘러서 LED에 불이 들어오지만 방향을 반대로 연결하면 전류가 흐르지 않아서 LED에 불이 들어오지 않았었다. 그렇다. LED의 약자는 Light Emitting Diode로 일종의 다이오드이다. 마지막으로 6N138은 옵토커플러(Opto-coupler)라는 부품이다.

위의 회로를 기초로 하여 브레드보드에 하드웨어를 구성하면 그림73, 74와 같다.

그림 73 전체 구성

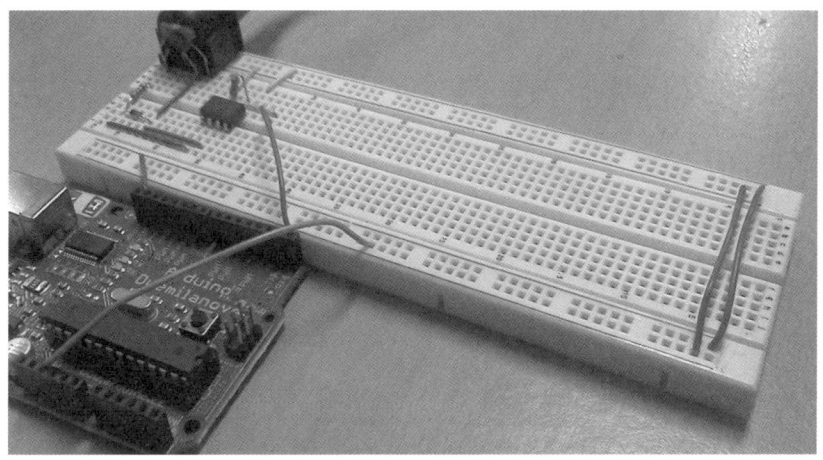

그림 74 MIDI 입력부의 연결 부분을 확대한 모습

이제 하드웨어 구성은 끝났다. 7.2절부터는 MIDI 신호를 입력 받아서 다양한 동작을 하는 실험을 하도록 할 것이다.

7.2 FND를 이용한 아두이노 MIDI 노트 리더

이번에는 MIDI 건반을 누르면 FND에 누른 건반의 노트가 무엇인지를 표시해 주는 실험을 해 보자. 표시하고자 하는 방법은 다음과 같다.

표 8 FND에서의 음이름 표시

음정	표시방법	1이 되어야 하는 포트
C	C	4, 5, 7, 8
D	d	3, 4, 5, 6, 9
E	E	4, 5, 6, 7, 8
F	F	5, 6, 7, 8
G	G	3, 4, 5, 7, 8
A	A	3, 5, 6, 7, 8, 9
B	b	3, 4, 5, 6, 7

그리고 샵(#, Sharp)이 되는 경우는 오른쪽 하단의 점(Dot, 2번포트)을 켜서 표시하겠다.

하드웨어 구성

앞서 구현한 MIDI 입력부와 3장과 6장의 시리얼 송신부에서 이미 익숙해진 FND를 연결하자. 연결된 모습은 그림 75, 76과 같다(회로도 20).

그림 75 하드웨어 구성(전면)

그림 76 하드웨어 구성

회로도 20　MIDI 노트 리더 회로도

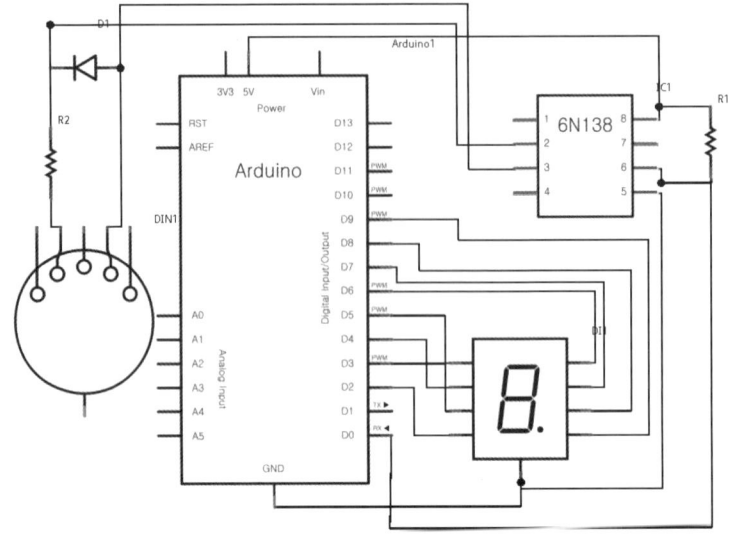

아두이노 프로그래밍

그럼 이제 동작을 시키기 위한 프로그래밍을 시작해 보자.

이번에는 약간은 독특한 요소인 배열을 사용하여 프로그램을 구성할 것이다.[8] 배열은 조금은 난이도가 있는 프로그래밍 방법인데 여기서는 최대한 쉽게 사용할 것이다.

지금까지 하나의 변수를 선언하면 한번에 하나의 값만 그 변수에 저장할 수 있었다. 그런데 만약 저장해야 할 내용이 너무 많아 진다면(100개의 변수를 선언해야 된다고 생각해 보자!) 어떻게 할까? 물론 여러 개의 변수를 이용하여 저장하고 불러올 수도 있겠지만, 보다 효율적인 방법이 있으니 그것이 바로 배열이다.

---

8 최대한 독자가 이해하기 쉽도록 쓰려고 했으나, 배열을 사용하지 않으면 프로그램의 길이가 너무 길어진다. 어쩌면 코드의 길이만으로도 어렵다는 느낌을 받을 것 같아서 배열을 다루기로 하였다.

배열은 int val[4]={1,6,0,5}; 와 같은 방법으로 선언하고, 불러올 때는 i=val[0]; 과 같은 방법으로 불러올 수 있다. 위의 예와 같이 int val[4]={1,6,0,5};라고 선언을 한 경우 정수형 변수를 저장할 수 있는 저장공간 4개가 만들어 지며 그 공간의 이름(변수명)은 val[0], val[1], val[2], val[3]이 된다. 그리고 그 각각의 변수에는 다음과 같이 값이 저장된다.

```
배열 선언 및 지정
int val[4]={1,6,9,5};

의미
val[0] = 1;
val[1] = 6;
val[2] = 0;
val[3] = 5;
```

이렇듯 배열을 이용하면 FND를 켤 때 긴 명령을 다음과 같이 간단하게 구성할 수 있다.

```
int seg[8]= {0,0,1,1,0,1,1,0};
for(int j=2; j<10 ; j++){
    digitalWrite(j,seg[j-2]);
}
```

이렇게 코드를 짜면 2번 포트에 0, 3번 포트에 0, 4번 포트에 1, 5번 포트에 1, 6번 포트에 0, 7번 포트에 1, 8번 포트에 1, 9번 포트에 0을 내보내서 FND에 0이 표시될 것이다. 이것을 조금 더 확장한 것이 2차원 배열인데 우리는 이번 실험에서 2차원 배열을 사용할 것이다. 앞서 설명한 배열에서 대괄호([ ])가 한 번 사용되었다면 2차원 배열에서는 대괄호를 두 번 사용한다. 즉, int val[3][4]; 와 같이 사용한다. 그 형식은 다음과 같다.

```
배열 선언 및 지정
int val[2][3] = {{1,2,3}, {4,5,6}};

의미
val[0][0] = 1;
val[0][1] = 2;
val[0][2] = 3;
```

```
val[1][0] = 4;
val[1][1] = 5;
val[1][2] = 6;
```

그림 77 2차원 배열의 저장 공간

Int val[2][3] = {{1,2,3}, {4,5,6}}

	0	1
0	1	4
1	2	5
2	3	6

이번 실험에서는 바로 이와 같은 2차원 배열을 이용하여 FND를 보다 쉽게 켤 수 있게 할 것이다.

변수 및 배열 지정

MIDI를 통해 수신된 Note 메시지의 Note Number를 저장할 변수 int note와 FND를 켤 때 사용할 배열 int seg[13][8]을 선언하고 지정한다.

```
int note;
int seg[13][8]={
  {0,0,1,1,0,1,1,0},   {1,0,1,1,0,1,1,0},   {0,1,1,1,1,0,0,1},
  {1,1,1,1,1,0,0,1},
  {0,0,1,1,1,1,1,0},   {0,0,0,1,1,1,1,0},   {1,0,0,1,1,1,1,0},
  {0,1,1,1,0,1,1,0},
  {1,1,1,1,0,1,1,0},   {0,1,0,1,1,1,1,1},   {1,1,0,1,1,1,1,1},
  {0,1,1,1,1,1,0,0},
  {0,0,0,0,0,0,0,0}
};
```

seg 변수의 각 배열이 의미하는 것은 다음과 같다.

```
seg[0]  [0~7]= C
seg[1]  [0~7]= C.
seg[2]  [0~7]= D
seg[3]  [0~7]= D.
seg[4]  [0~7]= E
seg[5]  [0~7]= F
seg[6]  [0~7]= F.
seg[7]  [0~7]= G
seg[8]  [0~7]= G.
seg[9]  [0~7]= A
seg[10] [0~7]= A.
seg[11] [0~7]= B
seg[12] [0~7]= 아무것도 안 켜짐
```

따라서 for 문을 다음과 같이 쓰면

```
for(int j=2; j<10 ; j++){
    digitalWrite(j,seg[nn][j-2]);
}
```

변수 nn의 값이 0~12까지 변함에 따라서 C~B, 그리고 아무것도 안 켜지는 동작까지 편하게 설정할 수 있다. 그 다음 시리얼 통신 속도를 31250baud로 설정하고 for문을 이용하여 2번 포트부터 9번 포트까지 OUTPUT으로 설정하였다.

```
void setup(){
  Serial.begin(31250);
  for(int i=2;i<10;i++){
    pinMode(i,OUTPUT);
  }
}
```

시리얼 통신을 통해 수신된 데이터가 있는지 확인하고 만약 데이터가 있다면 그 데이터를 읽어서 그 값을 state라는 변수에 저장한다. 만약 state가 0x80(Note off 메시지)인 경우라면 fnd(12);라는 함수를 실행해서 FND에 아무것도 켜지지 않게 한다.

만약 state가 0x90(Note on 메시지)라면 다음 시리얼 데이터가 올 때까지 기다린 후(while(Serial.available()==0){ }), 두 번째 바이트(노트 넘버에 해당하는 메시지)가 수신되면 그 값을 읽은 후 12로 나눈 나머지 값을 note라는 변수에 저장한다(note=Serial.read()%12;).

```
void loop(){
    if(Serial.available()>0){
       int state=Serial.read();
if(state==0x80){
fnd(12);
      }
      if(state==0x90){
        while(Serial.available()==0){ }
        note=Serial.read()%12;
```

```
      fnd(note);
    }
  }
}
```

'%'라고 쓴 연산자는 나눗셈을 하고 난 나머지를 계산하는 연산자이다. 음계는 모두 12개의 반음으로 이루어져 있기 때문에 입력된 Note Number를 12로 나누었을 때의 나머지가 0이면 C, 1이면 C#, 2이면 D, …, 11이면 B가 된다.

그리고 fnd(note);라는 함수를 통해서 FND에 C~B를 표시하게 한다.

```
void fnd(int nn){
  for(int j=2; j<10 ; j++){
    digitalWrite(j,seg[nn][j-2]);
  }
}
```

앞서 배열에서 설명한 것처럼 for문을 이용하여 note의 값에 따라 2번 포트부터 9번 포트에 seg[nn] [j-2]를 통해서 seg[0][0~7] ~ seg[11][0~7]을 FND에 표시하게 된다. 이렇게 만들어진 전체 프로그램은 다음과 같다.

코드 18 MIDI 노트 리더 전체 코드

```
int note;
int seg[13][8]= {
                {0,0,1,1,0,1,1,0}, {1,0,1,1,0,1,1,0},
                {0,1,1,1,1,0,0,1}, {1,1,1,1,1,0,0,1},
                {0,0,1,1,1,1,1,0}, {0,0,0,1,1,1,1,0},
                {1,0,0,1,1,1,1,0}, {0,1,1,1,0,1,1,0},
                {1,1,1,1,0,1,1,0}, {0,1,0,1,1,1,1,1},
                {1,1,0,1,1,1,1,1}, {0,1,1,1,1,1,0,0},
                {0,0,0,0,0,0,0,0}
};
void setup(){
  Serial.begin(31250);
  for(int i=2;i<10;i++){
    pinMode(i,OUTPUT);
  }
}
void loop(){
```

```
      if(Serial.available()>0){
        int state=Serial.read();
        if(state==0x90){
          while(Serial.available()==0){ }
          note=Serial.read()%12;
          fnd(note);
        }
        if(state==0x80){
          while(Serial.available()==0){ }
          fnd(12);
        }
    }
  }
  void fnd(int nn){
    for(int j=2; j<10 ; j++){
      digitalWrite(j,seg[nn][j-2]);
    }
  }
```

이제 프로그래밍을 마쳤다면 컴파일과 다운로드을 하고 MIDI In 포트에 신디사이저나 마스터 키보드의 MIDI OUT을 연결하고 신디사이저의 건반을 눌러보자. 눌린 건반의 노트가 FND에 정상적으로 표현된다면 성공이다.

Tip

DIGITAL I/O 0번 포트를 연결한 경우 아두이노에 다운로드가 되지 않을 수 있다. 왜냐하면 아두이노에 프로그램을 다운로드할 때 사용되는 포트가 DIGITAL I/O 0번 포트와 공통으로 사용되기 때문이다. 이때는 0번 포트, MIDI IN과 연결된 포트의 케이블을 잠깐 빼고 다운로드를 완료한 후 케이블을 다시 연결하도록 하자.

7.3 아르페지에이터의 구현

최근에 사용하는 신디사이저의 재미있는 기능 중에 아르페지에이터(arpeggiator)라는 것이 있다. 이 기능은 하나의 건반을 눌렀을 때 자동으로 일정한 패턴을 만들어 준다. 쉽게 말해서 '도' 라는 건반을 누르면 '도미솔미' 가 자동으로 연주되거나 하는 식이다.

이번에는 아두이노의 MIDI In/Out을 모두 이용해서 건반에서 입력 받은 MIDI Note 메시지를 기초로 하여 일정한 패턴으로 음악이 연주되게 하는 아르페지에이터를 구현해 보자.

이번 실험에서는 하나의 건반을 눌렀을 때 홀 톤 스케일(Whole Tone Scale, 전음음계)이 연주되는 아르페지에이터를 구현할 것이다. 예를 들어 C를 누르면 C, D, E, F#, G#, A#, C, A#, G#, F#, E, D가 연주되는 형식이다.

홀 톤 스케일(Whole Tone Scale, 전음 음계)

우리가 '도레미파솔라시도' 라고 부르는 음계는 3음(미)과 4음(파), 그리고 7음(시)과 8음(도)이 각각 반음으로 이루어진 음계이다. 이렇듯 음계는 온음(반음이 2개)과 반음이 어떤 식으로 조합이 되었는가에 따라서 다양하게 만들어진다. 홀 톤 스케일은 음과 음 사이가 모두 온음으로 구성된 음계로 2개의 홀 톤 스케일이 존재한다. 건반 그림과 함께 보면 이해가 훨씬 빠를 것이다.

그림 78 이해를 위한 건반의 모습

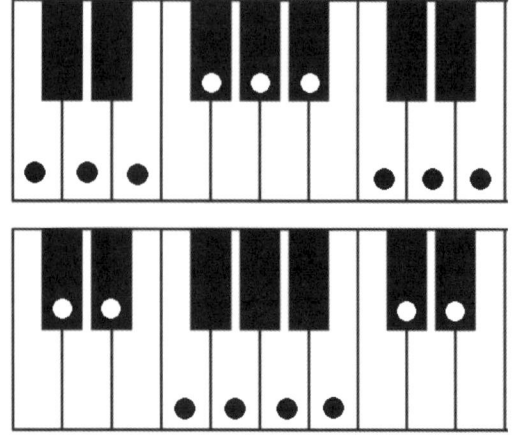

하드웨어 구성

하드웨어는 이전 실험까지 사용했던 MIDI 입력 부분과 앞선 실험들에서 사용했던 MIDI 출력 부분을 그대로 사용하면 된다(그림 79).

그림 79 MIDI 입출력의 구성

회로도 21 MIDI 입출력을 위한 회로도

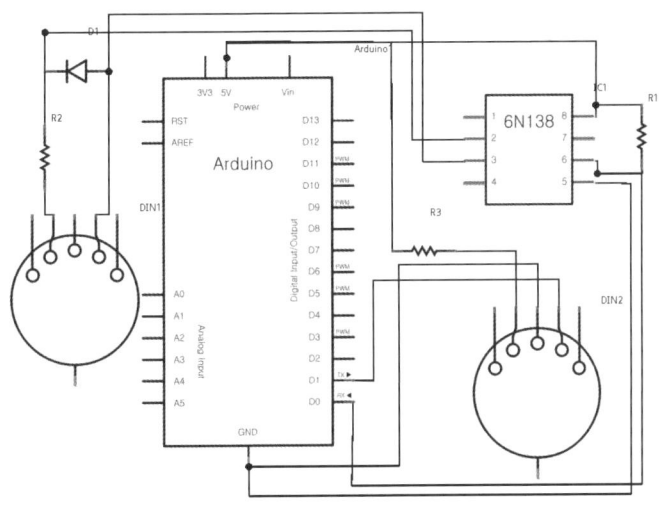

이제 MIDI 입력을 아두이노의 시리얼 수신 포트인 DIGITAL I/O 0(Rx)번 포트로 입력 받고 아두이노가 일정한 프로세싱을 한 후 DIGITAL I/O 1(Tx)번 포트를 통해 MIDI 송신을 하게 된다.

아두이노 프로그래밍

아두이노의 프로그래밍은 의외로 간단하다. 시리얼 통신을 통해서 건반으로부터 MIDI Note 메시지를 받으면 그 노트 번호와 노트 벨로시티를 각각 다른 변수로 저장하고 노트 번호에 일정한 값을 더해서 시리얼 송신을 하면 된다.

예를 들어 입력된 MIDI 메시지가 144(0x90), 60(0x3C), 127(0x7F)라고 한다면 60과 127을 각각 note와 vel이라는 변수에 저장한다.

```
Serial.write(0x90); Serial.write(Note); Serial.write(vel);
delay(500);
Serial.write(0x80); Serial.write(Note); Serial.write(vel);

Serial.write(0x90); Serial.write(Note+2); Serial.write(vel);
delay(500);
Serial.write(0x80); Serial.write(Note+2); Serial.write(vel);

Serial.write(0x90); Serial.write(Note+4); Serial.write(vel);
delay(500);
Serial.write(0x80); Serial.write(Note+4); Serial.write(vel);
```

위의 코드는 도를 0.5초 동안 연주하고 난 후, 레를 0.5초 동안 연주하고, 그 다음 미를 0.5초 동안 연주하게 한다. 그런데 이렇게 프로그램을 짜면 프로그램의 길이가 길어지므로 void arp()라는 함수를 아래와 같이 만들어서 프로그램을 보다 짧게 구성할 수 있다.

```
void arp(int nn,int vv){
  Serial.write(0x90);
  Serial.write(nn);
  Serial.write(vv);
  delay(500);
  Serial.write(0x80);
  Serial.write(nn);
```

```
    Serial.write(vv);
}
```

이제 arp() 함수를 이용해서 위의 코드를 다시 구성하면 아래처럼 단순해 진다.

```
arp(note,vel); arp(note+2,vel); arp(note+4,vel);
```

이제 본격적인 프로그래밍을 시작해 보자.

• void setup() 함수

여기서는 시리얼 전송 속도만 31250baud로 설정하면 된다.

```
void setup(){
  Serial.begin(31250);
}
```

• void loop() 함수

```
void loop(){
  if(Serial.available()>0){
    int state=Serial.read();
    if(state==0x90){
      while(Serial.available()==0){}
      int note=Serial.read();
      while(Serial.available()==0){}
      int vel=Serial.read();
      arp(note,vel); arp(note+2,vel); arp(note+4,vel);
      arp(note+6,vel);
      arp(note+8,vel); arp(note+10,vel); arp(note+12,vel);
      arp(note+10,vel);
      arp(note+8,vel); arp(note+6,vel); arp(note+4,vel);
      arp(note+2,vel);
    }
  }
}
```

loop 함수에서는 Serial.available()을 확인해서 첫 번째 MIDI 데이터 바이트를 읽은 후 그 값이 0x90, 즉 Note On 메시지인 경우만 동작을 수행하고 Note On 메시지가 아니면 아무런 동작도 하지 않는다.

첫 번째 MIDI 데이터의 바이트가 0x90, 즉 Note On 메시지라면 다음 바이트를 읽어서 note라는 변수에, 그 다음 바이트를 읽어서 vel이라는 변수에 저장을 한다.

마지막으로 arp(note,vel); 함수를 호출해서 arp()함수에 있는 delay(); 값만큼 각 노트가 연주되게끔 한다. 여기서 arp(not,vel);의 Note에 일정한 값을 더하거나 빼서 새로운 패턴을 만들 수도 있고 vel에 일정한 값을 더하거나 빼서 연주되는 음의 세기에 대한 패턴도 새롭게 지정할 수 있다.

- void arp(int nn, int vv) 함수

```
void arp(int nn,int vv){
  Serial.write(0x90);
  Serial.write(nn);
  Serial.write(vv);
  delay(200);
  Serial.write(0x80);
  Serial.write(nn);
  Serial.write(vv);
}
```

여기서는 loop() 함수에서 호출한 arp(note,vel);의 note와 vel의 값에 따라서 Note On 메시지를 출력하고 일정시간(위의 예에서는 0.2초)이 지난 후 Note Off 하도록 되어 있다.

프로그램의 전체 코드는 다음과 같다.

코드 19 아르페지에이터 전체 코드

```
void setup(){
  Serial.begin(31250);
}
void loop(){
  if(Serial.available()>0){
    int state=Serial.read();
    if(state==0x90){
      while(Serial.available()==0){}
      int note=Serial.read();
      while(Serial.available()==0){}
```

```
        int vel=Serial.read();
        arp(note,vel); arp(note+2,vel); arp(note+4,vel);
        arp(note+6,vel);
        arp(note+8,vel); arp(note+10,vel); arp(note+12,vel);
        arp(note+10,vel);
        arp(note+8,vel); arp(note+6,vel); arp(note+4,vel);
        arp(note+2,vel);
      }
    }
  }
  void arp(int nn,int vv){
    Serial.write(0x90);
    Serial.write(nn);
    Serial.write(vv);
    delay(200);
    Serial.write(0x80);
    Serial.write(nn);
    Serial.write(vv);
  }
```

이제 프로그램을 마쳤다면 컴파일과 다운로드를 하고 마스터 키보드와 음원을 MIDI 케이블로 연결한 다음, 동작을 확인해 보도록 하자. 홀 톤 스케일은 마치 드뷔시의 음악을 떠올리게 한다. 하지만 자신만의 아르페지에이터를 만들어 보는 것도 굉장히 재미있는 실험이 되리라 생각한다.

지금까지 우리는 아두이노를 이용하여 인터랙티브 뮤직을 구현하기 위한 다양한 기법들에 대해서 공부하였다. 다음 장에서는 실제 프로젝트를 제안하여 인터랙티브 뮤직이 구현되는 과정을 설명하도록 할 것이다.

8장

Arduino for Interactive Music

아두이노 온 바흐(Arduino On Bach)

인터랙티브 뮤직의 구현 과정 소개

전자음악을 이야기할 때 반드시 언급되는 음반 중의 하나가 「스위치드 온 바흐(Switched on Bach)」라는 음반이다. 「스위치드 온 바흐」는 1968년 웬디 카를로스(Wendy Carlos)가 바흐의 음악을 무그(Moog) 신디사이저로 재구성한 것이다. 이 음반은 클래식 분야에서 50만장 이상의 판매고를 올렸던 첫 음반이며, 빌보드 차트 40위권에 17주 동안이나 올랐던 음반이기도 하다. 이 음반은 이후 전자음악을 하는 많은 음악인들에게 영향을 주었다. 전자음악을 한다면 꼭 한 번쯤은 들어보길 권하고 싶다.

1968년도에 웬디 카를로스(Wendy Carlos)가 당시 최신의 기술이었던 무그 신디사이저를 이용하여 바흐의 음악을 재구성했듯이 우리도 이번 장에서 아두이노를 이용하여 인터랙티브한 바흐를 구현해 보고자 한다. 하나의 프로세스를 전체적으로 경험함으로써 인터랙티브 뮤직을 구현하는 데 많은 도움을 얻으리라 생각된다.

8.1 아두이노로 사운드 데이터를 제어하는 예제

아이디어 스케치

이 단계는 다양한 상상을 하는 과정이다. 음악을 어떻게 구성할지, 그 음악에 어떤 인터랙티브한 요소를 더할 것인지……. 이 영역은 창조하는 사람들의 고유 영역으로 작품에 가장 큰 가치를 부여하는 단계이기도 하다.

상상을 더 구체화하고자 할 때 종이에 스케치하듯이 그림을 그려 보는 것도 좋은 방법이다. 이렇게 상상을 하고 스케치하는 동안 어떤 식으로 구현을 할 것인지에 대해서도 어느 정도 구체적인 계획이 세워질 것이다.

우리는 이번 장에서 아두이노 스타터 키트에 포함되어 있는 Cds(밝기에 따라 저항 값이 바뀌는 조도 센서, LDR이라고도 한다)와 온도 센서를 이용하여 음악에 변화를 주는 프로젝트를 구성을 해 볼 것이다. 거리 감지 센서(거리에 따라 저항이 바뀌는 센서)나 충격 센서 등 다양한 센서들을 이용하여 음악이

그림 80 8장의 프로젝트를 위한 아이디어 스케치

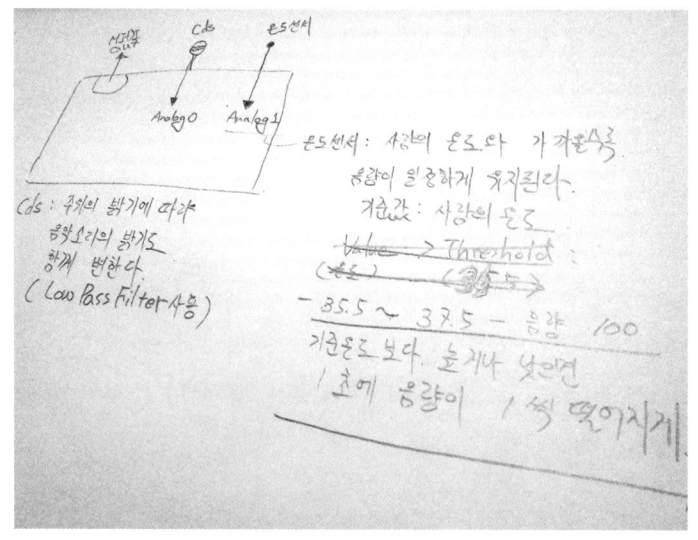

나 사운드에 변화를 줄 수 있지만 아두이노 스타터 키트에 포함된 센서를 이용하여 프로젝트를 구성하려다 보니 조도 센서와 온도 센서를 사용하게 되었다. 스타터 키트에 포함된 피에조를 이용하여 충격량을 입력으로 받아 들이는 방법도 있다. 하지만 이를 위해서는 스타터 키트에는 포함되어 있지 않은 높은 저항 값을 갖는 저항이 필요하여 피에조를 센서로 사용하는 실험은 생략하기로 하였다.

프로젝트의 개요는 다음과 같다.

0.5초(500ms)에 한 번씩 밝기와 온도를 측정한다. 그리고 밝기에 따라서 필터의 Cutoff Frequency 값을 조절하여 밝기가 어두우면 소리의 밝기도 어두워지고, 센서가 감지한 밝기가 밝으면 소리도 밝아진다. 따라서 손으로 Cds(조도 센서)를 가리거나 하는 방법으로도 음악 소리의 밝기를 밝게 또는 어둡게 조절할 수 있다. 큐베이스(Cubase)에는 Dual Filter라는 필터가 기본적으로 탑재되어 있어 이 필터를 사용하기로 하였다.)

또한 온도에 따라서 음량에 변화를 줄 것인데 사람의 체온과 비슷한 온도라면 100이라는 음량을 유지하고 체온보다 높거나 낮다면 1초에 음량이 2(2/100)씩 줄어들게 한다. 이렇게 함으로써 이 장치는 계속 쓰다듬어 주거나 만지는 등 사람의 체온이 닿아야 음량을 유지한다. 만약 50초 동안 아무런 관심을 갖지 않으면 음악은 죽어 버리게 될 것이다.

단순한 센서들을 이용한 실험이지만 굉장히 재미있는 실험이 될 것이다.

사운드 소스 (MIDI 파일 또는 사운드 파일)

인터랙티브 뮤직에서 사운드 소스로 사용할 수 있는 것은 MIDI 파일이 될 수도 있고 사운드 파일이 될 수도 있다. 예전에는 사운드 데이터를 실시간으로 처리하기에는 컴퓨터의 성능이 충분하지 않아서 MIDI 파일을 이용하는 것이 대부분이었으나, 요즘은 사운드 파일을 가지고도 많은 시도들이 이뤄지고 있다. 이번 실험에서도 사운드 파일을 선택하여 아두이노에서 보내는 MIDI 데이터에 따라 음량을 조절하거나 필터(Filter) 값을 제어해보자.

이번 실험에서는 바흐의 'G선상의 아리아'를 CD로부터 추출하여 사용하하겠다.

하드웨어 구성

3.1절의 실험에서 가변저항은 3개의 단자를 이용하여 아날로그 값을 읽어왔다. 한쪽은 Gnd, 한쪽은 +5V, 그리고 중간에 있는 핀으로부터 저항 값을 읽어왔다. 그런데 지금 우리가 쓰려고 하는 Cds(밝기 센서)나 온도 센서는 핀이 두 개밖에 없다. 어떻게 연결을 해야 하는 것일까? 회로도로 나타내면 그림 81과 같고 아두이노로 구현을 하면 그림 82와 같다.

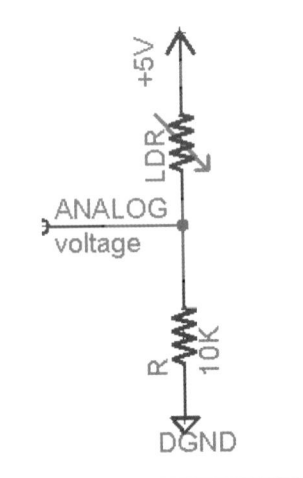

그림 81 밝기 센서와 온도 센서 연결법

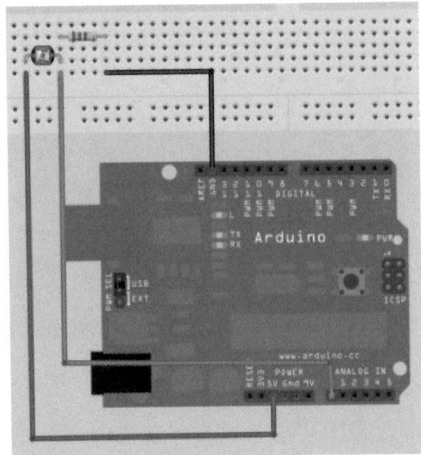

그림 82 아두이노와 밝기센서의 연결

그림 83 하드웨어의 구성

그림 82에서 밝기 센서(Cds, 또는 LDR이라고도 한다) 대신 온도 센서를 연결하면 온도를 측정할 수 있다.

이제 MIDI Output, 밝기 센서, 온도 센서를 모두 구성하면 그림 83과 같다.

아두이노 프로그래밍

음량(Volume)을 변수로 사용하기 위하여 vol이라는 정수형 변수를 선언하고 초기 값을 100으로 설정한다. void setup() 루틴에서 시리얼 전송속도를 MIDI 규격인 31250baud로 설정한다.

초기 설정은 다음과 같다.

```
int vol=100;
void setup(){
  Serial.begin(31250);
}
```

midi라는 명령(함수)을 이용하여 MIDI 메시지가 시리얼로 출력되게끔 midi라는 함수를 만든다.

이 함수의 형식은 midi(7,100);과 같이 Control 번호와 Control 값을 지정하게끔 되어 있으며 스테이터스 바이트는 자동으로 보내게끔 되어 있다.

```
void midi(int cc, int val){
  Serial.write(0xB0);
  Serial.write(cc);
  Serial.write(val);
}
```

마지막으로 void loop() 루틴에서는 처음 Volume 값을 먼저 출력하고 (midi(7,vol);), br이라는 정수형 변수에 0번 포트와 연결된 밝기 센서를 통하여 밝기에 대한 정보를 읽어 온다. 그리고 그 값을 8로 나눠 0~127의 값을 갖는다 (int br=analogRead(0)/8;). 그리고 그 밝기에 따라서 MIDI Control Number 3번을 제어하게끔 midi(3,br);이라는 명령을 사용한다. 이제 밝기가 밝으면 127에 가까운 값이, 어두우면 0에 가까운 값이 출력된다.

다음으로 아날로그 입력 1번 포트를 통해서 입력된 값을 thm이라는 정수형 변수에 저장하고 그 값이 500~570이라는 값이면(이 값은 직접 손을 센서에 접촉했을 때의 값을 측정하여 사용하였다) vol 값이 100보다 작은지 여부를 확인한 후 100보다 작다면 1을 더해서 100에 근접하도록 하고 500보다 작거나 570보다 큰 값이 입력된다면 vol을 1씩 빼서 점점 음량이 작아지게끔 프로그램하였다.

```
void loop(){
  midi(7,vol);
  int br=analogRead(0)/8;
  midi(3,br);
  int thm=analogRead(1);
  if(thm>500 && thm<570){
    if(vol<100){vol=vol+1;}
      else vol=vol;}
  else vol=vol-1;
  delay(500);
}
```

이렇게 해서 만들어진 전체 코드는 코드 20과 같다.

프로그램을 마쳤으면 컴파일과 다운로딩을 하고 컴퓨터에 연결된 MIDI 인터페이스와 아두이노를 MIDI 케이블로 연결하자(아두이노의 MIDI 단자에서 MIDI 인터페이스의 MIDI In 포트로 연결, 그림84 참고).

코드 20 사운드 제어

```
int vol=100;
void setup(){
  Serial.begin(31250);
}

void loop(){
  midi(7,vol);
  int br=analogRead(0)/8;
  midi(3,br);
  int thm=analogRead(1);
  if(thm>500 && thm<570){
    if(vol<100){vol=vol+1;}
      else vol=vol;}
  else vol=vol-1;
  delay(500);
}

void midi(int cc, int val){
  Serial.write(0xB0);
  Serial.write(cc);
  Serial.write(val);
}
```

이제 여러분이 즐겨 사용하는 MIDI 프로그램, 또는 사운드 프로그램을 이용하여 사운드 프로그래밍을 해보자.

그림 84 USB 방식의 MIDI 인터페이스

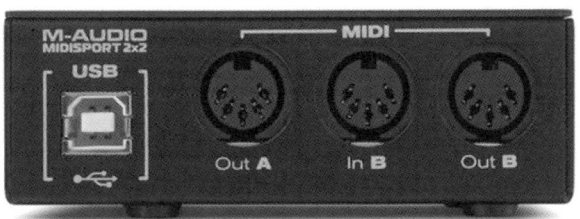

> **Tip**
>
> **MIDI 인터페이스**
> 음악적 의미를 지닌 다양한 기기들(신디사이저, 디지털 레코더, 음향 프로세서, 비디오 믹서등, …)은 서로 MIDI라는 신호로 정보를 주고 받으며 의사소통을 한다. 하지만 컴퓨터는 MIDI 신호를 주고받지 못하기 때문에 컴퓨터가 MIDI 신호를 이해할 수 있게끔 도와주는 기기가 MIDI 인터페이스이다.

사운드 프로그래밍

여기서는 앞서 말한 것처럼 CD로부터 음원을 추출하여 사운드 소스로 사용할 것이고 누엔도(Nuendo) 또는 큐베이스(Cubase)에 기본으로 들어 있는 필터(Filter)와 볼륨(Volume)을 MIDI로 제어하여 음악에 변화를 주는 시도를 하게 될 것이다.

우선 누엔도를 열고 새로운 프로젝트를 만든다.[9] 새로운 프로젝트가 구성되어 있다면 File  Import  Audio File을 통해서 오디오 파일을 하나 불러오도록 한다. 파일을 불러왔다면 Insert를 통해서 Dual Filter를 하나 불러오도록 한다. Dual Filter를 불러온 모습은 그림 85와 같다.

이제 MIDI 메시지에 의해서 Filter의 Cutoff 값과 오디오 트랙의 음량이 제어

그림 85 Dual Filter를 Insert한 모습.

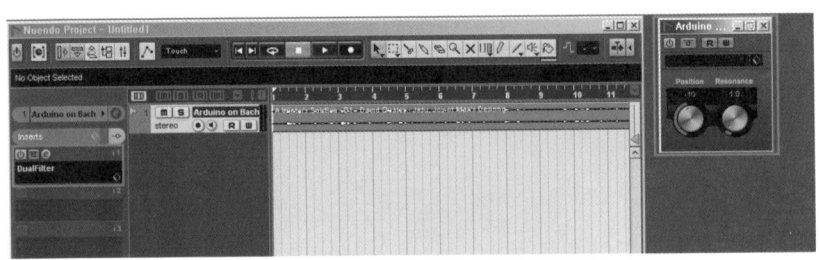

---

9 누엔도나 큐베이스에 대한 사용법은 별도의 사용 설명서와 같은 서적을 참고 하기 바란다.

그림 86 Quick Controls의 설정

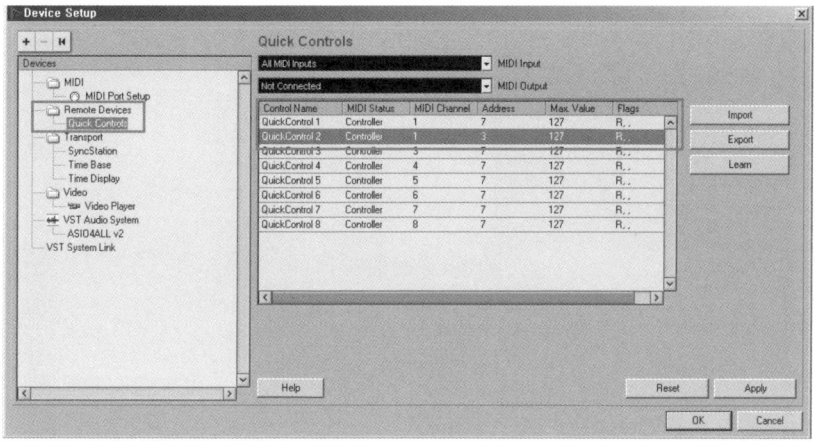

되게끔 해줘야 한다. 메뉴바에서 Devices → Device Setup을 선택하고 Remote Devices → Quick Controls를 선택한다. 그리고 그림 86과 같이 Quick Control1

그림 87 Quick Controls 에서 Volume Assignment

그림 88 Quick Controls에서 Insertion Filter Assignment

은 MIDI Status: Controllers, MIDI Channel:1, Address: 7로 Quick Control2는 MIDI Status: Controllers, MIDI Channel:1, Address: 3으로 설정한다.

설정이 끝났으면 OK를 클릭하고 메인 윈도우에서 Quick Controls 탭을 선택한다. 첫 번째 칸을 클릭하면 그림 87과 같은 화면이 나타난다. 여기서 Volume을 더블 클릭한다. 이로써 MIDI Control Number 7번에 의해서 오디오 트랙의 Volume이 제어된다.

이제 두 번째 칸을 클릭하고 그림 88과 같은 화면에서 Ins → 1-Dual Filter → Pos를 더블 클릭한다. 이로써 MIDI Control Number 3번에 의해서 오디오 트랙의 Filter가 제어된다.

이 외에도 MIDI Control Number 7번과 3번에 각각 다른 파라미터들을 설정함으로써 아두이노가 감지하는 온도와 밝기를 이용하여 다양한 소리의 변화를 만들어 낼 수 있을 것이다.

8.2 아두이노로 영상을 제어하는 예제

아두이노를 이용한 인터랙티브 뮤직의 구현에 대한 이야기를 하는 중에 갑자기 영상 데이터를 제어하는 예제가 나와서 당황스러운 독자도 있을지 모르겠다. 하지만 현대의 인터랙티브 뮤직은 뉴미디어 아트의 한 분야로 음악, 영상, 무용, 미술 등이 융합되는 경향이 두드러지고 있다. 그래서 이번에는 아두이노를 이용하여 MIDI 메시지를 만들어 내고 그 MIDI 메시지를 이용하여 영상을 제어하는 실험을 해보고자 한다.

아이디어 스케치

이번 실험에서는 8.1절에서 사용했던 하드웨어를 이용하여 주위의 밝기와 온도의 변화에 따라 선택한 사진이나 동영상에 변화를 주도록 할 것이다. 주위가 밝으면 이미지가 선명해지고 주위가 어두워지면 이미지가 흐려지도록 한

그림 89 원본 영상 이미지

그림 90 흐려진 영상

그림 91 픽셀이 거칠어진 영상

다. 그리고 온도가 높으면 픽셀이 부드럽게, 온도가 낮으면 픽셀이 거칠게 변화하도록 한다.

영상 소스(동영상 또는 이미지 파일)

이 실험에서 사용할 영상 제어용 소프트웨어인 Neon V2에는 기본으로 포함된 영상 소스가 있다. 이 중에서 '3D_Cube'라는 영상을 이용하도록 할 것이다. 영상 소스는 다양하게 사용할 수 있으므로 만약 여러분만의 사진이나 동영상을 활용하고 싶다면 자신만의 영상을 만들어 보는 것도 좋은 경험이 될 것이다.

하드웨어 구성

하드웨어는 8.1절에서 사용했던 하드웨어를 그대로 사용할 것이며 앞에서 사용했던 스위치나 가변저항을 적용하여 여러분 취향대로 동영상 제어 장치를 구현해 봐도 재미있을 것이다.

아두이노 프로그래밍

아두이노 프로그래밍은 void setup() 루틴에서 시리얼 전송속도를 MIDI 규격인 31250baud로 설정한다.

```
void setup(){
  Serial.begin(31250);
}
```

midi라는 명령(함수)을 이용하여 MIDI 메시지가 시리얼로 출력되게끔 midi라는 함수를 만든다.

```
void midi(int cc, int val){
  Serial.print(0xB0,BYTE);
  Serial.print(cc,BYTE);
  Serial.print(val,BYTE);
}
```

이 함수의 형식은 midi(7,100);과 같이 Control 번호와 Control 값을 지정하게끔 되어 있으며 Status 바이트는 자동으로 보내게끔 되어 있다.

마지막으로 void loop() 루틴에서는 br이라는 정수형 변수에 0번 포트와 연결된 밝기 센서를 통하여 밝기에 대한 정보를 읽어 온다. 그리고 그 값을 8로 나눠 0~127의 값을 갖도록 한다(int br=analogRead(0)/8;). 그리고 그 밝기에 따라서 MIDI Control Number 3번을 제어하게끔 midi(3,br);이라는 명령을 사용한다. 이제 밝기가 밝으면 127에 가까운 값이, 어두우면 0에 가까운 값이 출력된다.

다음으로 아날로그 입력 1번 포트를 통해서 입력된 값을 thm이라는 정수형 변수에 저장한다. 그 값이 400~655 라는 값이면 thm에서 400을 뺀 다음 2로 나눠서 thm 값을 0~127 사이의 값으로 만든다. 만약 400~655 사이의 값이 아니라면 thm 값을 0으로 만든다. 그리고 thm 값을 midi 컨트롤 번호 7번으로 전송한다.

```
void loop(){
int br=analogRead(0)/8;
  midi(3,br);
  int thm=analogRead(1);
  if(thm>400 && thm<655){
    thm=(thm-400)/2;}
  else thm=0;}
  midi(7,thm);
}
```

이렇게 해서 만들어진 전체 코드는 다음과 같다.

코드 21 영상 제어를 위한 전체 코드

```
void setup(){
  Serial.begin(31250);
}

void loop(){
int br=analogRead(0)/8;
  midi(3,br);
  int thm=analogRead(1);
  if(thm>400 && thm<655){
    thm=(thm-400)/2;}
```

```
    else thm=0;}
    midi(7,thm);
}

void midi(int cc, int val){
    Serial.write(0xB0);
    Serial.write(cc);
    Serial.write(val);
}
```

프로그램을 마쳤으면 컴파일과 다운로드를 하고 컴퓨터의 MIDI 인터페이스와 아두이노를 MIDI 케이블로 연결하자.

이제 여러분이 즐겨 사용하는 영상제어/편집 프로그램을 이용하여 영상에 대한 프로그래밍을 해보자.

영상 프로그래밍

베가스(Vegas), 프리미어(Premier)와 같이 영상을 편집할 수 있는 프로그램과 Module8이나 ARKAOS Grand VJ와 같이 영상을 제어하는 브이제잉(VJing) 프로그램 등 우리가 사용할 수 있는 영상 프로그램은 다양하다. 이번 실험에서

그림 92 Neon V2 홈페이지와 Download 탭

그림 93 Neon V2 다운로드 페이지

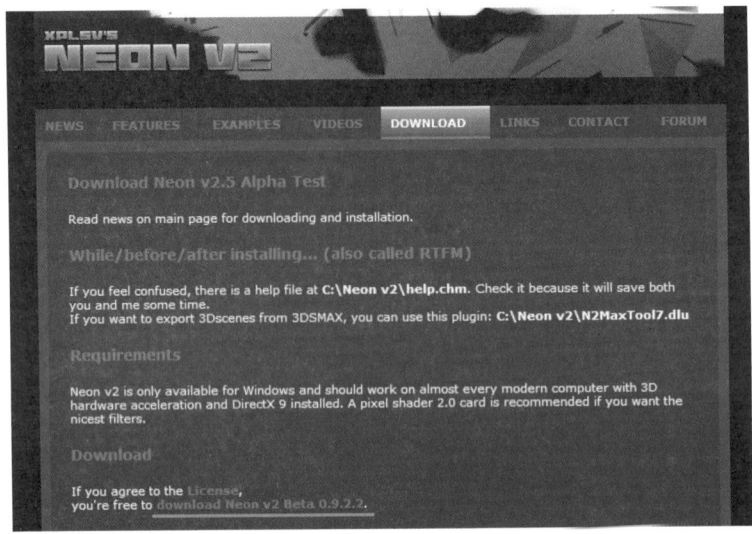

우리는 무료로 사용할 수 있는 프리웨어 Neon V2라는 영상 제어 소프트웨어를 이용할 것이다.

Neon V2는 http://www.neonv2.com에서 다운로드 할 수 있다(그림 92). 이 사이트로 가서 Download를 클릭하면 그림 93처럼 다운로드 페이지가 나온다. 여기서 Download Neon v2 Beta 0.9.2.2를 클릭하면 다운로드 창이 뜨는데 여기서 실행을 해서 프로그램을 바로 설치하거나 저장을 한 후 나중에 프로그램을 실행하여 설치할 수도 있다.

이제 Neon V2를 실행해 보자. 바탕화면에 Neon V2 실행아이콘을 만든 경우 실행아이콘을 더블클릭하면 실행된다. 또는 설치된 경로에 dj.exe라는 실행 파일을 더블클릭하여 프로그램을 실행할 수 있다.

Neon V2가 실행되면 그림 94와 같은 메인 화면과 그 왼편에 작업중인 영상이 나타난다. Options의 Output 설정에서 작업 중인 화면의 크기를 설정할 수

그림 94 Neon V2 실행화면

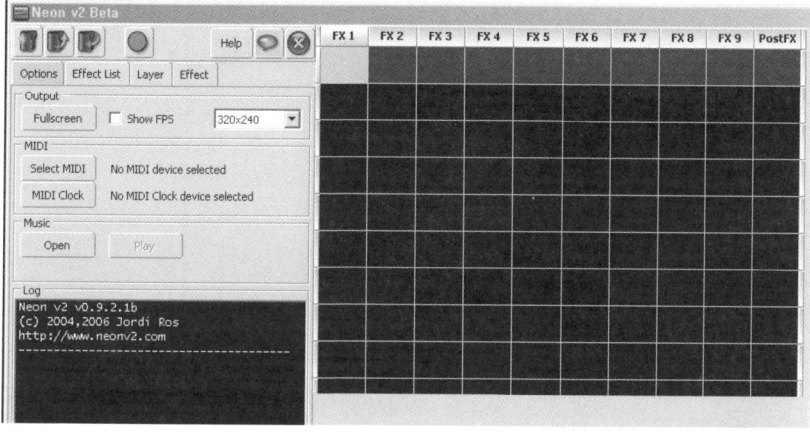

그림 95 MIDI 인터페이스의 선택

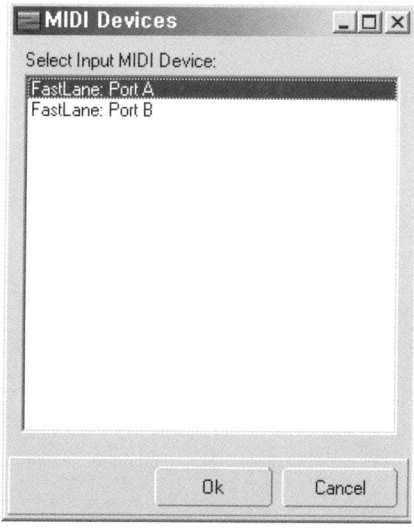

8장 **아두이노 온 바흐(Arduino On Bach)** 187

있고, Fullscreen 버튼을 눌러서 전체화면으로 영상을 확인할 수도 있다. 여기서는 기본 설정 값을 사용하도록 하자.

두 번째 단에는 MIDI 설정창이 있는데, Select MIDI 버튼을 클릭하면 그림 95와 같은 창이 나타난다. 여기서 여러분이 사용하고 있는 MIDI 인터페이스를 선택하면 된다.

이번 실험에서는 MOTU 사의 FastLane USB라는 MIDI 인터페이스의 포트 A에 아두이노를 연결하여 사용하고 있기에 MIDI 인터페이스를 선택하였다. MIDI 인터페이스의 선택을 마쳤다면 OK 버튼을 클릭한다.

세 번째 단인 Music에서 Open 버튼을 클릭하여 영상과 함께 사용할 음악을 선택할 수도 있으며 여기서 음악을 선택하게 되면 MIDI 신호뿐만 아니라 선택된 음악의 음량이나 저음, 또는 고음 성분의 크기에 따른 영상의 변화도 만들어 낼 수 있다.

이제 MIDI 인터페이스의 선택과 음악까지 선곡이 끝났다면 두 번째 탭인 Effect List를 선택하자. 여기서는 Neon V2가 기본으로 제공하는 다양한 기본 영상들을 비롯하여 새로운 동영상이나 이미지 파일을 불러올 수도 있다. 여기서 3D_Cube를 클릭해서 오른쪽 화면의 FX1의 제일 윗칸에 올려놓도록 하자. 왼쪽 화면에 입체적인 정육면체가 움직이는 것을 볼 수 있다(그림 96).

그림 96 영상의 추가

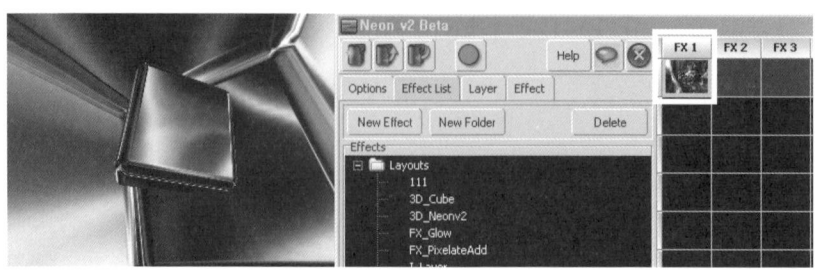

그림 97 Effect 설정화면

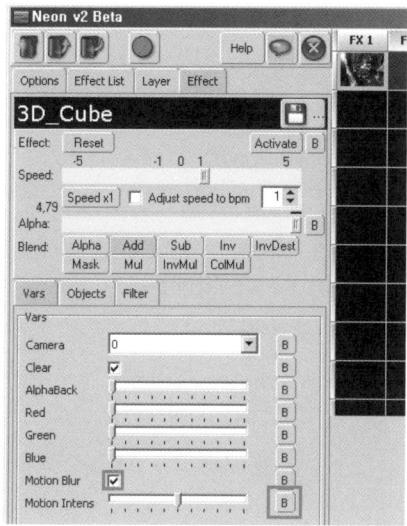

  Neon V2에서 제공하는 기본 영상들 이외에 우리가 가지고 있는 동영상이나 이미지 파일을 불러오고자 한다면 New Effect 버튼을 클릭해서 새로운 파일을 Effect로 추가한 뒤 사용할 수도 있다.

  이제 Effect 탭을 클릭하고 앞서 추가한 FX1의 영상을 선택하면 추가한 동영상을 제어할 다양한 효과를 선택할 수 있는 메뉴가 나타난다(그림 97).

  이제 그림 97에서 네모로 표시한 Motion Blur를 체크하고 Motion Intens 슬라이더를 좌우로 움직여보자. 움직이는 동영상의 선명도가 변하는 것을 확인할 수 있다. 이것을 슬라이더가 아닌 아두이노로부터 입력 받은 MIDI 신호를 이용하여 움직이게 하고자 하는 것이다. 주위의 밝기에 따라 MIDI 컨트롤 번호 3번의 값에 변화가 생기고 MIDI 컨트롤 번호 3번 값의 변화가 Motion Intens 슬라이더를 움직이는 효과를 낼 것이다. 이와 같은 효과를 내기 위하여 Motion Intens 슬라이더 옆의 B라고 쓰여있는 버튼을 클릭하면 그림 98과 같

그림 98 제어 신호 설정화면

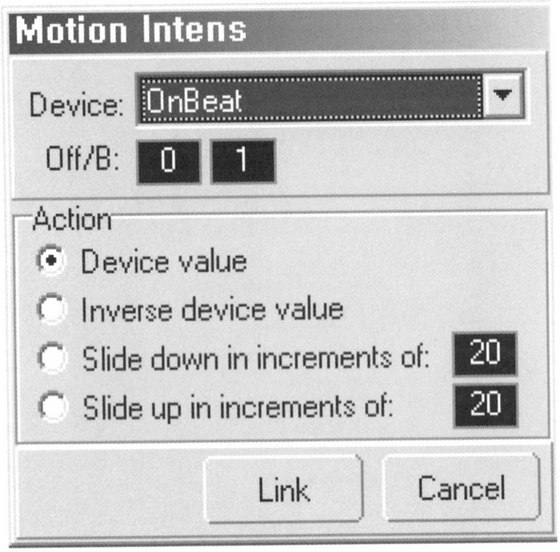

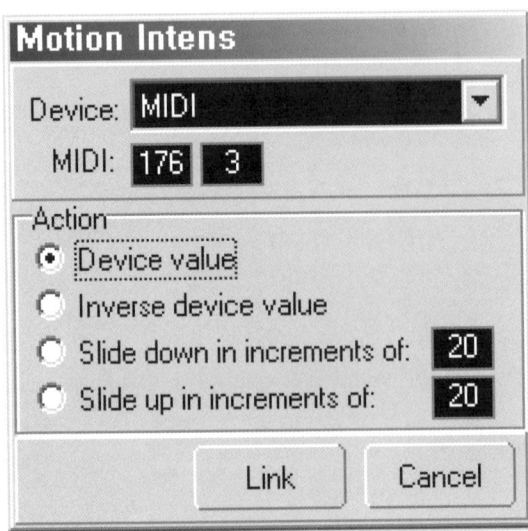

그림 99 MIDI로 설정

은 창이 나타난다.[10]

여기서 그림 99와 같이 Device는 MIDI, MIDI의 첫 번째 값은 176, 두 번째 값은 3으로 설정한다. 176은 16진수로 B0에 해당하며 이것은 5.4절에서 이미 다루었던 것처럼 MIDI 데이터 중에서 컨트롤 데이터(Control Data)를 의미하는 스테이터스 바이트이다. 즉, 176과 3은 MIDI Control Message의 Control Number 3번의 값에 의해 Motion Blur Intense를 제어하겠다는 설정인 셈이다.

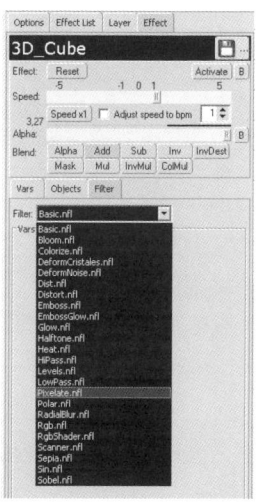

그림 100   Filter의 선택

설정을 마치면 Link 버튼을 누른다. Link 버튼을 누르면 Motion Intens 슬라이더 옆의 B 버튼이 노란색으로 바뀌며 이제는 MIDI 메시지로 영상의 선명함이 변하게 된다.

다음으로 아두이노가 감지하는 온도에 따라 동영상 픽셀의 거친 정도를 설정하도록 하자. Vars(Variables) 탭이 선택되어 있는데 Filter 탭을 선택한다. 그리고 Filter: Basic.nfl이라고 설정되어 있는 곳을 클릭하면 그림 100과 같은 화면이 나타나는데 여기서 Pixelate.nfl을 선택한다.

Pixelate.nfl을 선택하면 그 아래 단의 Vars 단은 그림 101과 같이 변한다.

여기서 Intens 슬라이더를 좌우로 움직여 보면 픽셀의 거칠기에 변화가 생기는 것을 확인할 수 있다. 앞서 했던 방법과 마찬가지로 이번에는 MIDI 신호로 픽셀의 거칠기를 제어하게끔 Intens 슬라이더 옆의 B 버튼을 누르고 그림 102와 같이 설정한다.

---

10 Intens는 강도를 의미하는 Intensity 를 줄여서 쓴 단어이다.

그림 101 Pixelate.nfl의 제어 요소(Variables) 화면

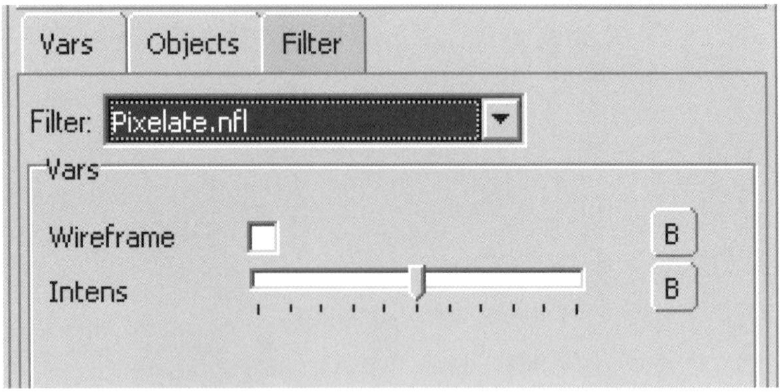

그림 102 픽셀의 거칠기 설정화면

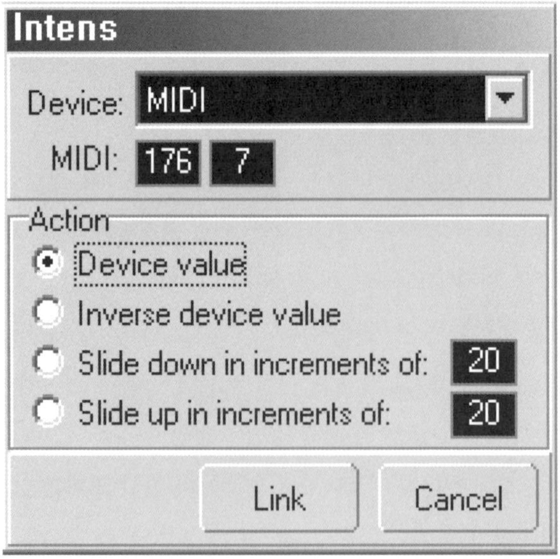

설정을 마치면 Link 버튼을 누른다. Link 버튼을 누르면 Intens 슬라이더 옆의 B 버튼이 노란색으로 바뀌며 이제는 MIDI 메시지로 영상 픽셀의 거칠기가 변하게 된다.

이외에도 다양한 Filter를 적용시키고 각 영상요소들(Variable)을 조작하면서 자신만의 영상 제어를 시도해 보도록 하자.

Tip

만약 Options의 Music에서 음악 파일을 열어놓았다면 B 버튼을 눌렀을 때의 설정 값을 MIDI가 아닌 Wave로 설정하여 음악의 변화에 따라 영상을 함께 변화시킬 수 있다. (그림 103)
이 때, Chan 값의 의미는 다음과 같다.

0 – Global sound
1 – Low Frequencies
2 – Low-Mid Frequencies
3 – Mid-High Frequencies
4 – High Frequencies

그림 103 음악으로 영상을 제어할 경우

따라서 저음의 변화에 따라 영상을 변화시키고자 한다면 Chan을 1로 고음의 변화에 따라 영상을 변화시키고자 한다면 Chan을 4로, 그리고 전체 음량의 변화에 따라 영상을 변화시키고자 한다면 Chan을 0으로 설정하면 된다.

여기까지 우리는 아두이노를 이용하여 인터랙티브 뮤직을 구성하는 하나의 프로세스를 따라해 보았다. 화려한 하드웨어 구성이나 복잡한 프로그래밍 기법을 사용하지 않아도 상상을 구체화하고 실현하는 것이 충분히 가능함을 느낄 수 있는 기회가 되었으리라 생각한다. 이제 여러분의 다양한 상상을 현실에서 구체화하면서 보다 재미있는 창작을 해나가길 기원한다.

부록

Arduino for **Interactive Music**

못다한 이야기들

　어쩌면 생소할 수도 있는 정보를 전달하려고 하다 보니 본문에서는 아두이노에 대해서 자세하게 다루지 못한 부분들이 있다. 그래서 부록에서는 본문에서 다룬 하드웨어 구성 중 수정해야 할 부분, 그리고 본문에 나오는 그림과 같이 하드웨어를 그려볼 수 있는 도구인 Fritzing이라는 소프트웨어에 대해 설명하겠다. 그리고 실습에서 사용되었던 명령어들을 정리한 내용도 포함했다. 마지막으로 보다 깊이 있는 내용에 대해서 알고자 하는 독자를 위하여 참고할만한 책과 사이트를 정리하였으니 도움이 되길 바란다.

부록 A. LED 연결 수정

본문에서 언급한 것처럼 LED는 빛을 내는 다이오드(Light Emitting Diode)이다. 따라서 Vcc와 Gnd(그라운드, Ground)의 극성을 맞춰서 연결만 하면 빛을 낸다. 여기서 잠깐 예를 하나 들어 보고자 한다.

그림 104 물레방아

혹시 물레방아라는 것을 본 적이 있는가? 물레방아는 냇가에 물길을 만들어 물이 떨어지는 힘(수압)을 이용하여 곡식을 찧는 방아이다. 그런데 만약 물레방아를 냇가가 아니라 폭포 같은 곳에 만들어 놓는다면 어떻게 될까? 아마 물레방아는 높은 수압에 의해서 너무 빨리 회전하다가 곧 망가지게 될 것이다. 그렇다면 어떻게 물레방아가 금방 망가지지 않게 설치할 수 있을까? 물이 떨어지는 곳에 적당한 장애물들을 설치해서 물이 떨어지는 수압이 낮아진다면 물레방아는 알맞은 속도로 회전하게 될 것이고 물레방아는 안전하게 오랫동안 동작을 하게 될 것이다.

다시 LED 이야기로 돌아오도록 하자. 물레방아는 LED, 수압은 전압, 그리고 장애물은 저항과 같다. LED에 너무 높은 전압이 걸리면 처음에는 밝은 빛을 내는 듯하지만 금방 수명을 다하고 만다. 그래서 LED가 안전하게 동작할 수 있게끔 전압을 낮춰주어야 하는데 바로 전압을 낮추는 방법으로 저항을 사용하게 된다. 그래서 270Ω(Ohm, 옴) 정도의 저항을 다음과 같이 연결하여 사용하면 보다 안전하게 LED를 사용할 수 있게 된다. 왜 270Ω의 저항을 사용하였는지에 대한 이야기는 공학적인 지식을 바탕으로 하여 설명을 하여야 하는 분야이기에 이 책에서는 설명을 생략하기로 하였다. 300옴 정도의 저항을 이용

그림 105 LED와 저항의 연결방법

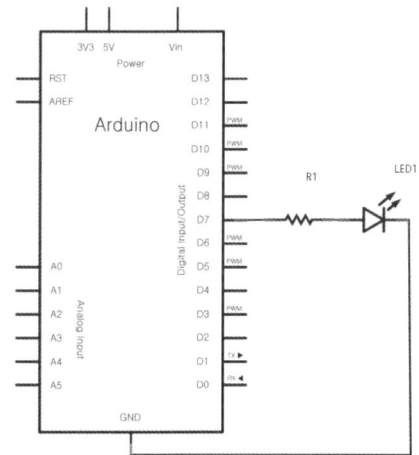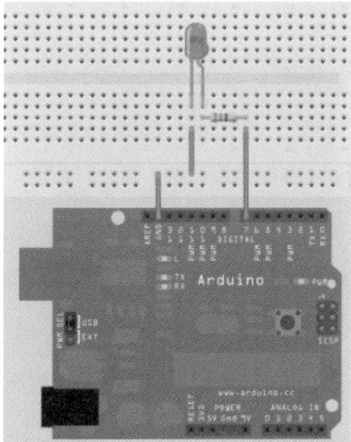

하여 전압을 조금 낮춰서 LED에게 일을 시키면 금방 고장이 나지는 않겠구나 정도로 이해해 두자.

위와 같이 연결하면 저항을 연결하지 않고 연결했을 때보다 LED의 밝기가 조금 어두워지기는 하지만 훨씬 안전하게 오랫동안 LED를 사용할 수 있게 된다.

본문의 실험에서는 자세한 내용보다는 아두이노에 익숙해지는 것이 주된 목적이었고 오랫동안 LED를 켜지 않을 것이기 때문에 이와 같은 이야기는 부록을 할애해서 설명하게 되었다.

부록 B. Fritzing 소프트웨어 소개

부록 A의 그림 105에서 왼편에 보이는 것과 같은 그림을 회로도라고 하고 오른편에 보이는 그림을 배치도라고 한다. 공학을 하는 이들에게는 회로도 그림이 훨씬 이해하기 쉽고 간결하게 보이지만 처음 보는 이들에게는 무슨 암호같이 느껴지기도 한다. 배치도 역시 그렇게 편하게 볼 수 있는 그림은 아니라는 것도 사실이다. 하지만 여러분 스스로 프로젝트를 구상하고 구체화시키다 보면 어쩔 수 없이 회로도라든가 배치도를 그리거나 이해해야 하는 상황이 온다. 그래서 부록 B에서는 본문에서 회로도와 배치도를 그리는 데 사용했던 프로그램인 Fritzing이라는 소프트웨어를 소개한다.

Fritzing은 오픈 소스 프로그램으로 별도의 비용 지불 없이 자유롭게 사용할 수 있는 프로그램으로 홈페이지는 http://fritzing.org이다. Fritzing으로 할 수 있는 일은 이외로 많은데, 홈페이지의 소개 동영상을 꼭 한 번 보고 활용하기 바란다.

그림 106 http://fritzing.org의 첫 화면

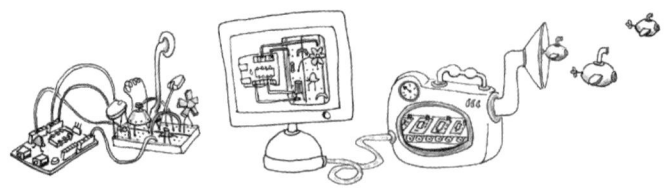

ABOUT FRITZING

Fritzing is an open-source initiative to support designers, artists, researchers and hobbyists to work creatively with interactive electronics. We are creating a software and website in the spirit of Processing and Arduino, developing a tool that allows users to document their prototypes, share them with others, teach electronics in a classroom, and to create a pcb layout for professional manufacturing.

DOWNLOAD AND START!

Download our latest version (0.4.3b was released September 30th) and start right away.

Just got into interactive electronics and still need the basic tools? We created an "all-you-need-to-get-going" Fritzing Starter Kit. Also, our learning section might be interesting to you with some easy, fun tutorials and videos.

첫 화면에서 Download our latest version을 클릭하면 다운로드할 수 있다.

그림 107   다운로드 페이지

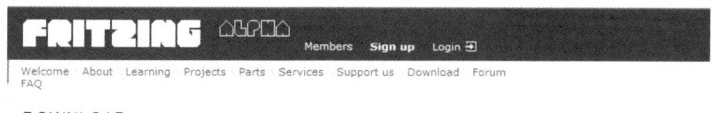

그림 107에서 여러분이 사용하고 있는 운영체제를 선택하면 운영체제에 맞는 버전의 소프트웨어를 다운받을 수 있다. 다운로드한 후 압축을 풀면 Fritzing 폴더가 생성되는데 이 폴더에 있는 Fritzing 아이콘을 더블클릭하면 별도의 설치 과정 없이 프로그램을 실행할 수 있다.

프로그램을 실행하면 그림 108과 같은 시작 화면이 나오고 프로그램이 실행된다.

그림 108 Fritzing 시작 화면

그림 109 실행 화면

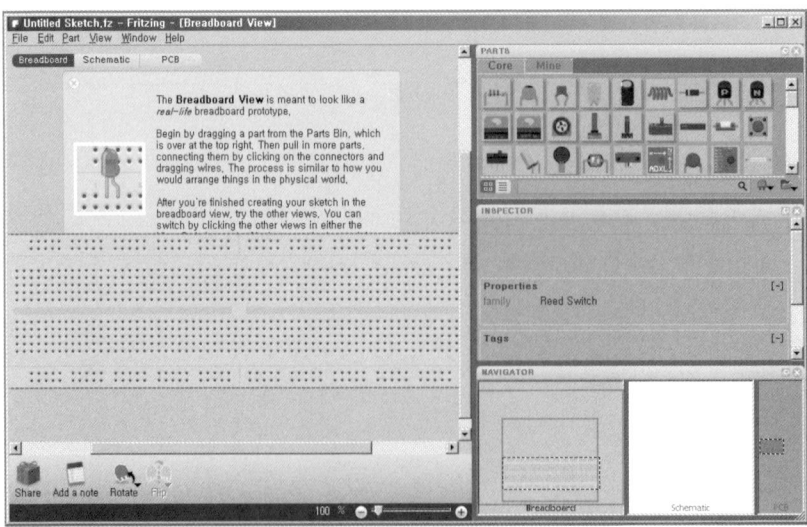

그림 110 Fritzing을 이용한 하드웨어 그림 그리기.

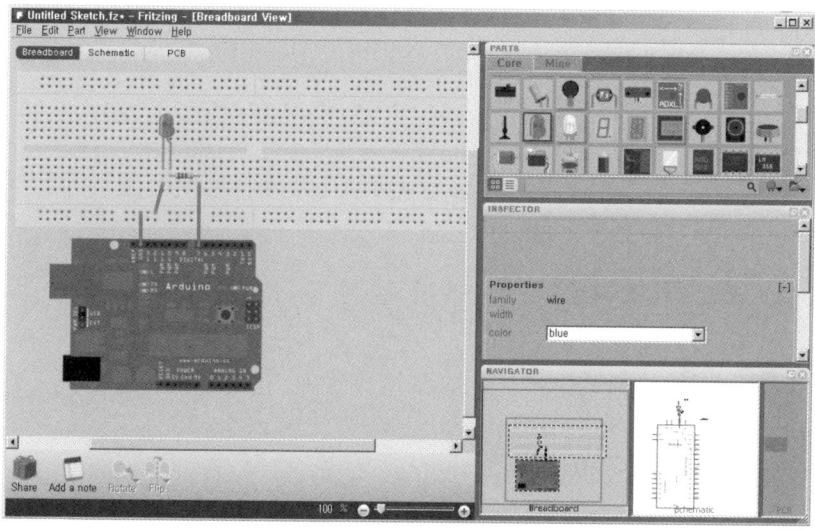

Fritzing은 브레드보드(Breadboard), 회로도(Schematic), 인쇄기판(PCB, Printed Circuit Board) 상의 그림을 모두 볼 수 있고 편집할 수 있다. 오른쪽 PARTS 윈도우에서 필요한 부품을 선택하여 오른쪽 화면으로 끌어온다. 연결하고자 하는 두 곳 중 한 쪽을 클릭하여 나머지 한 곳으로 드래그하면 연결이 된다. 이렇게 구성된 그림이 그림 110이다.

부록 C. 사용된 명령어 정리

이번 부록에서는 본문에서 사용한 명령어들을 정리하였다.

1. 프로그램의 구성

아두이노 프로그램은 크게 void setup()과 void loop()이라는 함수로 구성되며 필요에 따라서 사용자가 새로운 함수를 만들어서 사용할 수 있다. 본문에서는 fnd()나 midi()와 같은 함수를 새롭게 만들어서 이용했다.

2. 특수 기호

;

세미콜론: 아두이노에서 하나의 명령어가 끝났다는 표시로 세미콜론(;)을 사용한다.

```
delay(1000);
```

{ }

중괄호: 명령어들을 블록으로 묶을 때 사용한다. 예를 들어 함수를 하나로 묶거나 if문, for문, while문처럼 조건을 만족할 경우 수행되는 일련의 명령들을 중괄호를 이용하여 하나의 명령어 집합처럼 묶을 수 있다.

```
void setup() {
   pinMode(7,OUTPUT);
}
```

//

주석문: 주석문은 아두이노가 해석하지 않는 코드이다. 따라서 사용자가 이해하기 쉽게끔 설명을 써 넣을 수 있다.

```
fnd(9);   // fnd 함수를 이용하여 FND에 9를 표시한다.
```

3. 포트를 통한 입출력

pinMode

각 포트를 입력으로 사용할 것인지 출력으로 사용할 것인지를 정하는 명령이다.

```
pinMode(3,OUTPUT);   // DIGITAL I/O 3번 핀을 출력으로 설정한다.
pinMode(4,INPUT);    // DIGITAL I/O 4번 핀을 입력으로 설정한다.
```

아날로그 입력(ANALOG IN)는 아날로그 입력으로 고정되어 있으므로 별도의 pinMode 설정이 필요 없다.

digitalWrite

출력으로 설정된 포트에 대하여 각 포트에 1을 출력할 것인지 0을 출력할 것인지를 결정한다.

```
digitalWrite(5,1); // pinMode 명령을 통하여 출력으로 설정이 된 5번 포트에 1
                      을 출력한다.
digitalWrite(7,0); // pinMode 명령을 통하여 출력으로 설정이 된 7번 포트에 0
                      을 출력한다.
```

digitalRead

pinMode 명령을 통하여 입력으로 설정된 포트의 정보를 읽어온다. 이 값은 0 또는 1이 된다.

```
int sw1=digitalRead(3);   // sw1이라는 변수에 3번 포트에서 읽어온 정보를 저
                             장한다.
```

analogRead

아날로그 입력(ANALOG IN) 단자로부터 읽은 아날로그 값을 읽어 온다.

```
int vr=analogRead(0); // 아날로그 입력 0번 핀에 연결된 센서나 저항 값을 읽어
                         vr이라는 변수에 저장한다.
```

delay

1000분의 1초(ms, 밀리세컨드) 단위로 시간을 지연시킨다.

    delay(500); // 500ms, 즉 0.5초 만큼 시간을 지연시킨다.

delayMicroseconds

1000분의 1 ms(μs, 마이크로세컨드)단위로 시간을 지연시킨다.

    delayMicroseconds(100); // 100μs, 즉 0.0001초 만큼 시간을 지연시킨다.

random(min, max)

min과 같거나 크고 max보다 작은 정수형의 난수(무작위로 만들어 낸 정수)를 생성해 낸다.

    int dice=random(1,7);   // 1~6중에 무작위로 추출된 정수 하나를 dice라는 변수에 저장한다.

tone

지정된 포트로 지정한 주파수에 해당하는 펄스를 생성한다.

    tone(7,440); // 7번 포트로 440Hz(A4에 해당)의 펄스를 내보낸다.

noTone

지정된 포트로 출력되고 있는 펄스를 멈춘다.

    noTone(7); // 7번 포트로 내보내던 펄스를 멈춘다.

4. 시리얼 송수신

Serial.begin

시리얼 전송속도를 설정한다.

    Serial.begin(31250); // 시리얼 송수신 속도를 MIDI 규격인 31250baud로 설정한다.

Serial.println

시리얼 송신 포트(DIGITAL I/O 1번 포트, Tx)로 시리얼 데이터를 송신하고 줄바꿈을 실행한다.

```
Serial.println("Hello, Arduino!"); // 시리얼 방식으로 Hello, Arduino!를
                                      전송하고 줄바꿈을 한다.
```

Serial.print

시리얼 송신 포트(DIGITAL I/O 1번 포트, Tx)로 시리얼 데이터를 송신한다.

```
Serial.print(30); //시리얼 방식으로 30이라는 값을 전송한다.
```

Serial.println과 Serial.print문에서는 보내고자 하는 데이터와 함께 형식을 다음과 같은 방법으로 정의할 수 있다.

```
Serial.print(data,Type);

Serial.print(75,DEC);  // DEC은 십진수를 의미하며 75라는 데이터를 전송한다.
Serial.print(75,HEX);  // 75에 대한 16진수 값을 전송하며 따라서 0x4B라는
                          데이터가 전송된다.
```

Serial.write

시리얼 송신 포트(DIGITAL I/O 1번 포트, Tx)로 시리얼 데이터를 바이트 형태로 송신한다.

```
serial.write(0x90);
```

Serial.available

시리얼 수신 포트(DIGITAL I/O 0번 포트, Rx)로 수신된 시리얼 데이터가 있을 때 이 값이 0 이상의 값이 된다.

```
while(Serial.available()==0) { } // 시리얼 수신된 내용이 없다면 아무 일도
                                    하지 말아라.
```

Serial.read

시리얼 수신 포트(DIGITAL I/O 0번 포트, Rx)로 수신된 시리얼 데이터를 읽어온다.

    int ser=Serial.read(); // 시리얼 수신 포트로 수신된 데이터를 ser이라는 변수에 저장한다.

5. 연산

\+

덧셈을 한다.

    int i=i+5; // i의 기존 값에 5를 더하여 i 값을 갱신한다.

\-

뺄셈을 한다.

    int i=i-5; // i의 기존 값에 5를 빼서 i 값을 갱신한다.

×

곱셈을 한다.

    int i=i×5; // i의 기존 값에 5를 곱하여 i 값을 갱신한다.

/

나눗셈을 한다.

    int i=i/5; // i의 기존 값을 5로 나눈 몫을 i 값으로 갱신한다.

%

나머지 연산을 한다.

    int i=i%3; // i의 기존 값을 3으로 나눈 나머지 값을 i 값으로 갱신한다.

5. 조건문

• if문

```
if (조건문) { 명령어 블록 A }
else { 명령어 블록 B }
```

만약 조건문을 만족한다면 명령어 블록 A를 실행하고 만족하지 않는다면 명령어 블록 B를 실행한다.

```
if (val == 3) {
    digitalWrite(4,1);
}
else { digitalWrite(4,0); }
```

만약 val이라는 변수의 값이 3이라면 4번 포트에 1을 출력하고 3이 아니라면 4번 포트에 0을 출력한다. 이때 else 다음에 또 다시 if 문을 써서 다른 조건문을 연달아 사용할 수도 있다.

• for문

```
for(초기 값 ; 조건문 ; 변화 값) {명령어 블록}
```

변수의 초기 값을 설정한 다음, 조건을 만족한다면 명령어 블록을 실행하고 초기 값에 변화를 준다.

```
int j=0;
for(i=0 ; i<101 ; i=i+1) {
j=j+i;
}
```

이 코드는 1부터 100까지 더하는 프로그램으로 i가 0부터 100까지 변화하면서 계속 그 값을 더해가는 프로그램이다.

• while문

```
while(조건문) {명령어 블록}
```

조건문을 만족하는 동안 명령어 블록을 실행한다.

```
while(Serial.available()==0) {
Serial.println("Nothing");
delay(1000);
}
Serial.println("Something");
```

수신된 시리얼 데이터가 없는 동안에는 Nothing을 시리얼 송신하고 줄바꿈을 하고 1초를 지연시킨다. 수신된 시리얼 데이터가 있다면 while 문을 벗어나서 Something을 시리얼 송신한 후 줄바꿈을 한다.

• Switch문

```
Switch(변수){
case 100: 명령어; 명령어; 명령어; …
break;
case 200: 명령어; 명령어; 명령어; …
break;
}
```

스위치에서 제시한 변수의 값에 따라 그에 따른 case 문이 실행되고 break; 는 중괄호 루틴을 벗어나게 만든다.

```
Switch(int analogRead(0)){
case 100: Serial.println("Analog Value : 100");
break;
case 200: Serial.println("Analog Value : 200");
break;
case 300: Serial.println("Analog Value : 300");
break;
case 400: Serial.println("Analog Value : 400");
break;
}
```

아날로그 입력 0번 포트에서 읽은 값에 따라 각각 다른 문자열을 시리얼 통신을 통해 전송한다. 100이면 'Analog Value : 100'을, 200이면 'Analog Value : 200'을, 300이면 'Analog Value : 300'을, 400이면 'Analog Value : 400'을 전송한다.

> **Tip**
> break:명령은 Switch문 뿐만이 아니라 if문, for문, while문의 명령어 블록(중괄호로 묶여 있는 명령어 집단)을 빠져나가는 데에도 사용이 된다.

부록 D. 관련 서적 및 사이트

관련 서적

- 『손에 잡히는 아두이노』 마시모 밴지 지음 | 이호민 옮김 | 인사이트
  『Getting Started with Arduino』의 번역서. 국내에 최초로 소개된 아두이노 책으로 아두이노를 쉽게 시작하고 이해하는데 도움이 될 것이다.

- 『뇌를 자극하는 하드웨어 입문 (만들면서 이해한다)』 김범준 지음 | 한빛미디어
  하드웨어 입문서로 보다 깊이있게 하드웨어를 공부하고 싶은 독자에게 추천한다.

- 『Essential MIDI』(준비중) 채진욱 지음
  현재 준비 중인 책으로 MIDI 전반에 걸친 내용을 다루고 있으며, 이 책을 통해 MIDI 신호에 대해서 깊이 있게 공부할 수 있을 것이다.

관련 사이트

- http://www.jwsounddesign.com
  지은이의 블로그이며, 인터랙티브 뮤직에 대한 이야기를 올리고 있다. 이 책의 독자와 지속적인 커뮤니케이션을 하기 위한 공간이기도 하다.

- 하우스버그(http://www.housebug.kr)
  전자음악 및 다양한 사운드 아티스트들이 활동하는 커뮤니티다. 이 커뮤니티를 통해 인터랙티브 뮤직 세미나 등을 열 예정이다.

- 아두이노 스토리(http://cafe.naver.com/arduinostory.cafe)
  국내에서 가장 활발한 아두이노 커뮤니티.

아두이노 및 부품 판매 사이트

- 플러그하우스 (http://plughouse.co.kr)
- 메이크존 (http://makezone.co.kr)
- 아트로봇 (http://artrobot.co.kr)
- 디바이스 마트 (http://www.devicemart.co.kr)
- 엘레파츠 (http://www.eleparts.co.kr)
- icbanQ (http://www.icbanq.com)
- ic114 (http://www.ic114.com)

맺는말

글을 처음 시작하면서 맺는 순간까지 이 책은 음악인을 위한 책이라는 것을 염두에 두었습니다. 그래서 글을 써내려 가는 동안, 프로그램의 코드 길이와 프로그램 작성 기법 사이에서 많은 고민을 했습니다. 쉬운 명령어들로 프로그램을 구성하려고 하면 프로그램의 코드 길이가 너무 길어져서 그 길이 만으로 어렵다고 느낄 것 같고, 프로그램의 코드 길이를 짧게 하자니 프로그램을 이해하는 것이 어려울 것 같고……. 그러다 보니 글을 쓰는 내내, 그 중간을 지키기 위하여 노력했습니다.

본문 중에도 나오지만 이 책의 내용은 엔지니어보다는 음악인을 위한 것입니다. 조금은 세련되지 못한 프로그램도 상관없으며 코드 길이가 길어져도 상관없습니다. 여러분이 상상한 것을 구체화하려는 노력이 중요합니다. 그렇게 여러 가지 음악을 구현하다 보면 어느 순간 최적화된 코드를 짜고 있는 여러분의 모습을 보게 될 것입니다. 설령 최적화된 코드로 프로그램을 짜지 못해도 걱정할 필요는 없습니다. 그것보다는 여러분의 상상력이 훨씬 더 가치 있는 것이니까요. (이것은 엔지니어에게도 마찬가지 덕목이라 생각이 됩니다.)

지금의 사운드 엔지니어로 나를 있게 해준 영원한 나의 소리 선생님 조 아이어랄디(Joe Ierardi), 고등학교 시절 내게 MIDI라는 것을 처음 알게 해주고 항상 많은 조언을 해주시는 내 인생 최고의 선배님 제갈혁 선배, 항상 다양한 음악적 시도를 하며, 사운드에 대한 아이디어를 공유하는 드림 시어터(Dream Theater)의 조단 루데스(Jordan Rudess) 씨, 그리고 커즈와일의 할 챔

버린(Hal Chamberlin) 연구소장님께 이 공간을 빌어 감사의 말을 전하고 싶습니다. 그리고 대학 시절, 너무나도 즐거운 음악적 경험을 선사해 주셔서 엔지니어링과 음악 사이의 조화를 이룰 수 있게 도와주신 이경미 교수님께도 감사를 드립니다.

마지막으로 이 책이 나오기까지 너무나 많은 도움을 주신 인사이트의 한기성 대표님과 촉박한 일정에도 불구하고 꼼꼼한 교정과 편집으로 원고에 빛을 더해준 에디터 김민희씨, 새로이 사운드 엔지니어 트레이닝을 받으며 이 책의 교정을 도와준 경기대학교 전자디지털음악과의 정현후 군, 그리고 사랑하는 나의 아내에게 진심으로 감사를 드립니다.

2011년 1월 31일
채 진 욱

찾아보기

Arduino for Interactive Music

기호

; (세미콜론) 34, 39, 202
{} (중괄호) 33, 34, 202
// (주석 구분자) 70, 202
% (나머지 연산자) 162, 206
++ (증가연산자) 50, 51, 52
= (대입연산자) 46
== (같다) 46
16진수 115, 116
5음계를 이용한 음악 연주 95, 96

ㄱ~ㅎ

가변저항(Variable Resistor) 55, 124, 126
그라운드(Ground, Gnd) 14, 15, 22, 57
나만의 주사위 놀이 만들기 76
난수 발생기 75
다이오드(Diode) 153, 154
디지털 입출력(Digital I/O) 11, 15
마이크로컨트롤러 8
마이크로컴퓨터 8
마이크로프로세서 8
배열 158, 159
벨로시티(Velocity) 116, 122
변수 40, 50
병렬 통신 102
브레드보드 15, 22, 28
브이제잉(Vjing) 프로그램 185
사각파(Square Wave) 82
세븐 세그먼트 LED(7 Segment LED) 64

센서(Sensor) 3, 4, 11
스위치
　택트 스위치(Tact Switch) 42
　토글 스위치(Toggle Switch) 41
　푸시 스위치(Push Switch) 41
　스위치 누른 횟수 세는 카운터 53
　스위치 민감도 확인하기 53
　스위치드 온 바흐(Switched on Bach) 171
　스위치를 이용해서 LED 켜고 끄기 47
스테이터스 바이트(Status Byte) 114, 175, 191
시리얼(Serial) 통신 12, 15, 101-102, 105-106, 128, 131,
　135, 139, 147, 149
시리얼모니터(Serial Monitor) 136-137, 143, 147, 149
시퀀서(시퀀싱 프로그램) 20, 113
신디사이저(synthesizer) 3, 73, 81, 101-102, 112-114,
　117, 124, 126, 128, 164, 171
실습 과제
　5음계를 이용한 음악 연주 95, 96
　CdS로 LED 개수 조정하기 62
　FND에 Arduino 표시하기 70
　LED 8개 왕복으로 깜빡이기 41
　LED 느리게 깜빡이기 35
　LED 번갈아가며 깜빡이기 41
　LED 빠르게 깜빡이기 35
　나만의 주사위 놀이 만들기 76
　스위치 누른 횟수 세는 카운터 53
　스위치 민감도 확인하기 53
　스위치를 이용해서 LED 켜고 끄기 47
아날로그 입력(Analog Input) 11
아두이노
　마이크로컨트롤러 8

마이크로컴퓨터 8
마이크로프로세서 8
아두이노 구입처 211
아두이노 두에밀라노베/328 9
아두이노 스타터 키트 9, 15, 44, 57, 62, 64, 81, 112,
   153, 172
아두이노 우노 9
   프로그래밍 30
아르페지에이터(Arpeggiator) 164
아스키(ASCII) 132, 134-135, 139, 149
온도센서 56, 173, 174
웬디 카를로스(Wendy Carlos) 171
인터랙티브 뮤직
   4가지 요소 2
   DJ 퍼포먼스 4
   인터랙티브 뮤직의 재료 55
저항(Resistor) 56
주기 85, 87
주석문 70
주파수 85
컨트롤(Control) 메시지 114, 125, 129
컴파일 31
택트 스위치(Tact Switch) 42
테레민(Theremin) 95, 96
토글 스위치(Toggle Switch) 41
푸시 스위치(Push Switch) 41
프로그래밍 30
프로세싱
   개념 익히기 48
   프로세싱 과정 실습 55
   프로세싱에 대해 고민하기 54
   프로세싱의 정의 3
피에조 11, 81, 148
함수(Function) 72
홀톤 스케일(Whole tone scale, 전음음계) 164, 169

A~Z

Baud Rate(보 레이트) 103
Cds(조도 센서, LDR) 56, 62, 172, 174
CdS로 LED 개수 조정하기 62
File→Save(저장) 34
FND(Flexible Numeric Display) 63
FND에 Arduino 표시하기 70
Fritzing 28
Hz(헤르츠) 84
LED 8개 왕복으로 깜빡이기 41
LED 느리게 깜빡이기 35
LED 번갈아가며 깜빡이기 41
LED 빠르게 깜빡이기 35
LED(Light Emitting Diode) 11-13, 15, 22
loop 32, 34
MIDI 4, 12, 90, 101, 103, 111-115, 117, 119, 124, 147,
   153, 160
MIDI 단자 64
MIDI 인터페이스 176, 178
Neon V2 183, 186
Note
   변수형에 대해 89
   스위치와 저항 43
   회로의 구성과 전원 13
Note Off 메시지 114, 116, 117, 121, 125
Note On 메시지 114, 116, 117, 121, 125
setup 32
Vcc(+5V) 23, 25, 57